AQUARIUS

AQUARIUS

AQUARIUS

AQUARIUS

Vision

Vision

一些人物，
一些視野，
一些觀點，
與一個全新的遠景！

銀光盔甲

跨國金融家35年的人性洞察

James Wu 吳均龐
德意志銀行前台灣區總經理

【推薦序】

盔甲之下

文◎劉奕成（中國信託商業銀行信用金融執行長）

平凡無奇的春日午後，我收到了一份彌足珍貴的禮物。想來經輾轉多次才翩然來到我的手中，但是我撕開封袋，輕觸《銀光盔甲》的校訂書稿之時，彷彿依然能感受到書頁的溫度。

雖然說收到書稿的時候，我正好要出門，因著心中深切的期待與好奇，我還是忍不住先睹為快，瀏覽了數十頁，迤邐行過前幾個故事，才飛奔赴約。畢竟在這個書寫自身行業隱隱然蔚為風潮的時代，挺身而出素描金融風雲的人還是付之闕如，現在終於有人現身，而且現身說法的，還是金融業的得道高僧。

於是此刻我在休息區旁，邊等待邊翻弄著書稿。因著在等待，總還是忍不住分神，每隔一段時間便往穿衣鏡前望過去，從這一隅可以看到鏡中等待修剪的人神采自若的模樣，他一邊跟造型師閒聊，一邊鬆開襯衫的釦子，神情一派輕鬆，笑起來肩膀不住晃動。我可以從鏡中看到他幾不設防的正面，也可以看到他全不設防的背影；說起來，我不但看得到他整個人的模樣，而且是卸下盔甲之後，盔甲之下素樸真實的全貌。

我回過神來，再翻翻手中的《銀光盔甲》，心中低迴不已，如果不是作者吳均龐的慨然分享，我們還真難以看得到盔甲之下，金融家真心的樣貌。作者就像那位不設防的前人，一方面對著明鏡娓娓道出自己的想法與看法，另一方面也不遮掩地讓你我追看他的方法及做法，這當中成功的、失敗的、自信的、自嘲的兼而有之，在季節與容顏的變化下，呈現不同的風景。最後你我不僅看得到閃閃發亮的銀光盔甲，看得到戴著銀光盔甲、不可一世的金融豪傑，也看得到盔甲之下，平凡無奇的人性。

金融圈內外的人，對於金融業的從業者，早已形塑難以撼動的刻板印象，就像少女漫畫的女主角，總是一逕眨著靈動且大到不屬於這世界的雙眼，在金融業沉浮的人們，彷彿就是貪婪，甚且滴水不漏到連地上他人遺落的一元硬幣也要俯拾。而在這個領域中出人頭地的佼佼者「金融家」，更是約定俗成，被速寫為嗜血好戰的狠角色。

其實所有的職場，不都是一番廝殺，弱肉強食？會不會是因為金融業行銷的商品，其實是肉眼看不到的產品，再加上傳言中金融業的待遇優渥，因此釀就了大眾對金融家的刻板印象，那滋味是酸甜苦辣鹹佐以羨慕嫉妒恨的奇幻分子料理，隨意在陽光灑落的桌上，竟成了閃著不知是金屬還是淚痕的銀色光芒。

如果這就是傳言中的銀光盔甲，豈不適巧是金融業遠赴前線的必要裝備？這盔甲阻隔了人與人之間的溫度交換，但是當作者娓娓道出深藏他心中多年的無限事之後，於是我們終於了解，就像北風與太陽的故事一樣，戴著盔甲的人，其實等待的是溫度，只要夠溫暖，他們會卸下盔甲。

作者的金融生涯很長，浸淫其中長達卅五個年頭；不但長，而且足跡很廣，紐約、日本、台灣都任他踩踏；不但足跡廣，而且領域寬廣無垠，從投資銀行、商業銀行到基金公司全都囊括其中。他從這樣豐滿的現實中，琢磨粹煉出十六篇骨感的故事。

不由得好奇，他會素描速寫什麼樣的人物？是什麼樣的風流人物，值得他在大江東去浪淘盡之後，依然沉吟至今？

大多數人只聽過，或許也只想再聽華爾街金字塔最頂尖、最響叮噹的人物，這種世俗的看法，其實很自然，也很直覺，所以我猜想：作者應該會說說那些自己熟稔的，已經是某國總統、哪國高官又或是投資銀行的巨擘？

話說以作者的歷練，本書如果要貼身描繪華爾街的頂尖菁英，或者是敘說全世界各金融中心的名人軼聞，想來也不是什麼困難的事，但是作者選擇描摹的，卻不是水沸滾時擁擠爭寵的泡沫，而是沉澱其下，韻味芬芳的千古風流不知名人物。

這其中包括世俗眼光中，咸認功成名就但看似不擇手段的「華爾街惡棍金童」，成功對他而言自然俯拾即是，世俗眼光卻看輕他萬般機巧織就成策略蛛網。但是當作者近身觀察，卻笑看出不一樣的風景。

讓人意想不到的，還有在世界首屈一指銀行工作的建築師，橫看成嶺，恍然擁有比銀行家更深刻的處世智慧，甚至於對國際的人才流動，還往往助其一臂之力。鏡頭拉到在日本，貌似已全然現代化的職場，居然內藏完全不現代化的管理甚至人際關係思維，殊難想像。

這些吉光片羽，就像金融業層峰必備的Armani西裝，原本看起來只是一個顏色，而且全都是一個顏色。但是在陽光下卻是色彩紛呈，原來的一種顏色幻化成千百種看來相似，卻又大異其趣的顏色。

這本書深入淺出，也適合未曾涉獵任何金融知識的讀者。不過相較於其他讀者，曾經親炙金融或管理日常的讀者最是幸福。以我自身的經驗，對於金融圈這一班叱吒風雲的大老，總是懷抱著佩服的心，聽著敘說著他們的傳奇，等於是從背後追隨他們的身影，但是這些傳說再精采，只是在金融圈口耳相傳。

如今有高人挺身而出，悠然自得現身說法。就算他只是顧盼自雄，絮絮叨叨對明鏡說著故事，然則你我遙遙聽著他的分享，但見珠玉，但見大珠小珠落一盤。你我就算是頑石，看到精采處，也不時點頭，看到難以置信處，也不住點頭。

是為序。

銀光盔甲

【自序】

在冰冷的數字之外

小時候，某年暑假，家附近來了個叫喬治的中美混血小孩。那個年代的台灣孩子，對於一個只會講英語的混血兒是既好奇又害怕：好奇他怎麼個頭這麼大，害怕的是沒有人敢和他講英語。

那時我英文單字不識幾個，當然也不敢和他說話。但有一天，我主動開始帶著他騎車，不用說英語，他只要跟在我屁股後面就好。結果就從那天起，我們成了莫逆之交，不知不覺中，他學會用國語罵我賴皮鬼，我也好像什麼事都可以用洋涇濱英語表達得淋漓盡致。

那年夏天，是我第一次如此近距離且長時間地，和一個語言迥然不同、生活習慣差異也極大的小老外接觸。雖然我的英語仍然說得亂七八糟，但是恐懼感消失了，取代的是對老外的莫大好奇心。

帶著這份好奇，我踏入了跨國金融業，一晃眼已三十五年。二〇〇六年出版了《Money Game——金錢遊戲》的小說之後，一直想親自動筆寫些什麼，把自己幾十年來的經驗傳承下去，而最後終於動筆撰寫《銀光盔甲》一書，是起於兩個女兒對我的好奇提問。

大女兒是一家精釀啤酒的品牌行銷主管，她認為手作精釀啤酒銷售的最終成敗關鍵，其實是「人」——早上五點起床的釀酒師、熱愛啤酒的行銷人員，以及一群深信啤酒應是細細品醇的酒迷。擔任教育諮商輔導師的小女兒則分享，教育諮商的重點是要引導孩子、開導家長，以追求人文素養和優雅氣質取代對一紙名校文憑的盲目追求，最主要的也是「人」。

那麼，我呢？兩個女兒不約而同地問我，在跨國金融界工作了三十五年，我究竟是和「錢」還是跟「人」打交道？

頓時，腦海浮現出上司與同僚、客戶和屬下，以及所經歷過的金融交易和專案計劃。我回憶起那些不同的國度、多元的社會與文化衝擊……在記憶的深處，令我刻骨銘心的全部都是人，不是錢！

跨國金融界的人們，衣著光鮮，精明能幹，熟稔冰冷的數字，領取昂貴的待遇。每一個人都有著一幅銀光閃閃的盔甲，應付內部的傾軋，面對外部割頸的競爭。回想我自己一路走來，何其順遂！三十出頭成為跨國金融機構在台灣的負責人，之後又調回紐約擔綱許多具有開創性的專案計劃。四十不到，被派往東京，獨當一面，扛下日本所有的投資銀行業績。之後回來台灣，擔任基金投資和歐洲投銀的負責人。

一九八〇年代，我初到外商銀行工作。當時外銀對台灣集寵愛於一身，全力投入資源和人力，亞太區域中心的管理人員、美國總行派遣的稽查人員，以及因應各式各樣的專案計劃而來台的各國老外等，熱鬧非凡，本土的從業人員和他們的互動十分頻繁。大陸當時全然自絕於世界金融之外，那是一個台灣得天獨厚的時代，我們可以大量吸收西方的財經智慧。

直到二〇〇八年的金融風暴，改變了新興國家對歐美財經的盲目崇拜，對於老外的專業開始質疑。大陸改革開放則促使跨國金融機構爭先恐後地搶進對岸，紛紛把人力資源派駐北上，留在台灣的跨國金融企業數量大幅縮水。台灣的年輕金融從業人員縱然英語能力令人刮目相看，金融知識保持與世界同步，但可惜的是，能和老外近身肉搏，東拉西扯的機會也相對降低。

Fintech（金融科技）、Big Data（大數據）、Blockchain（區塊鏈），這些專有名詞在過去的幾年蜂擁而至，令人目不暇給。我認為在未來的三、五年內，這些名詞代表的科技將會是長波巨浪，如海嘯般衝擊金融界。跨國金融的版圖將不再是依國家和地理位置來界定，工業生產的供應鏈和能源運輸的區域中心，將是聯結未來金融世界的重要關鍵。跨國金融的交易，將與日俱增，也會更加繁複，現有的傳統思維和交易型態勢必淘汰。

台灣是個四面環海的島嶼，能夠善用這些新的金融科技和交易型態，就可以四海為家，在跨國的金融版圖中，爭取一席之地。而金融科技的吸收運用、人工智慧的發展，以及跨越種族、國界的金融趨勢，在在突顯了參與其中的「人」的價值。台灣要與世界接軌，焊接寸寸冰冷鋼軌要有的是顆顆炙熱溫暖的心。

過往的三十五年跨國金融生涯中，我面對的是來自世界各地，操著不同口音、懷著特殊文化背景的老外。而在我們心中都各有考量與打算下，唯有運用智慧使對方自然卸下一片片的盔甲，彼此以誠相待，良善溝通，才是把事情做好的關鍵。

細心回想，過去的這些日子，我能夠有這麼多采多姿的金融生涯，靠的不是銅臭銀兩的算計與撥弄，而是學習如何與人相處，如何剖析人性，進一步去洞察對方內在深層的思維。

在這本書裡，我用十六篇故事描述的方式，把過往對我有深遠影響的人、我近身觀察到的人，以及我們一起經歷過的事，盡量原樣呈現。但斟酌調整了部分背景及細節，筆下的人名及機構名稱也都已修改。

執筆記下點點滴滴的細節，也更加讓我體認到，我工作的愉悅，都是因為有幸可以和這些人互相尊重，誠心交流。故事中的每一個人物，我都深為感念！

目 錄

Contents

惡棍金童

「嘿！電梯裡是禁菸的！」站在我後面的一位中年婦人義正詞嚴地喊著。

「我只是拿著香菸，沒抽呀！」另外一個因長期抽菸而沙啞的男性嗓音抗議著。

我懶得回頭看，反正我要去的樓層已經到了。在紐約這樣的大都會，人種複雜，文化多元，樣樣事情都有正反兩面的意見，處處地方都有行為舉止的衝撞。事不關己，少理為妙。快步蹦出電梯，但走了幾步，仍然聞到菸味，我不解地回頭看了一下——原來在電梯裡拿著香菸的那傢伙也是到這個樓層，吊兒郎當地走在我的後面，旁若無人地大剌剌吞雲吐霧起來。這種在公共走道無視室內禁菸的行為，真是少見的囂張。

我維持急促的腳步，去找我們預定的會議室。

這場簡報很重要。

將近半年的努力，從交易資料的蒐集、市場動態的模擬評估到跨部門的協調，就是為了要籌劃設立集中控管的交易擔保池。這是個極創新的概念，當然，也是一項只許成功、不許失敗的任務。

我是這項任務的召集人，臨危受命，可是幹得苦不堪言。

在紐約這個意見紛亂的大都會，每一個人都覺得自己是站在世界頂端的天才，眼見得任憑一個黃皮膚的亞洲人來主導擔保池的設立計劃，實在吞不下這口氣。每一次的會議，每一次的討論，我都是站在防禦性的位階，努力地解釋為什麼我們一定要設立集中控管的交易擔保池。而每一個紐約的天才則是毫不手軟地擲出飛鏢，攻擊似地提問、質疑，與挑戰。

折騰了大半年，總算是準備就緒，安排了今天早上的這場簡報，要向董事會成員們報告，以取得共識，並獲得授權設立擔保池。

我帶著副召集人湯姆，一起來面對這群大頭們。「我有點緊張……」湯姆一臉沒有出息地說。

此刻，偌大的會議室裡，只有我們兩個人。

所有的簡報設備，冰冰冷冷地架設好了；我們面前那一排漆黑發亮的高背座椅，整齊劃一地等著大頭們入座。湯姆會緊張是有道理的。我何嘗不是！

「希望董事會的成員不會太刁難我們，提出太多艱澀的問題。這是個創新的概念，有太多未知數。」湯姆不知道是在對我碎唸，還是自言自語好舒緩自己緊繃的情緒。

湯姆是個傻大個兒，一百九十公分、一百二十公斤，年紀輕輕不到三十，髮線已經退到頭頂中間。他念的是理海大學機械工程，一畢業就跑去德州的石油公司，被派往外海挖油塔，著實賺了一票危險的辛苦錢。幾年後又拎著行囊，一頭栽進賓大的華頓學院弄了個企管碩士，如意算盤打的是到華爾街的金融機構，坐在光鮮亮麗的辦公大樓裡「淘金」。數理計量能力超強的湯姆，有著大學的機械工程和探勘石油的經驗，加上華頓的訓練，坦白說，是我的一個得力助手。

在為這項擔保池設立計劃共事期間，我們倆相處融洽。他有數理計量才能，加上我的金融市場背景和比他多出幾年的經驗，相輔相成，工作愉快。

「我們不卑不亢。可以回答的，努力解釋；不知道的，直話直說了。」我也只能這樣安撫他。

董事會成員們姍姍來遲——這種派頭十足的進場方式，也是要彰顯他們的重要性，以及行程有多忙碌。

大頭們坐定之後，仍然要交頭接耳一陣子，才會「不經意地」把眼光投射到兩個坐立難安，又蓄勢待發的笨蛋身上。

「那個坐在左手邊數來第三位的人，是不是剛才在電梯裡手拿香菸的人？」我側身靠近湯姆，手遮著嘴巴壓低了聲音問。

「我們沒有搭同一班電梯上來呀！你比我早來一點。我剛剛還在抽換簡報資料的最後幾頁。」聽湯姆這麼一說，我頓感不好意思起來。顯然，我也為了這場重要的簡報而心神不寧，連湯姆沒有和我一起搭電梯的事，都弄得糊塗一場。

「在你們開始之前，我要先聲明：這項擔保池計劃非同小可，一方面是銀行要提出相當的資產來承作這項計劃，再者是主管機關的同意，和同業的配合，都不是容易的事。我們希望你們今天可以提出完整的報告。但是，我們不會馬上就做出決定。」率先開口的是坐在正中央的董事長，他面無表情地看著我和湯姆。

不等董事長說完，其他幾位董事便競相點頭稱許，迫不及待地表現出那種看好戲的姿態。

「這項擔保池計劃如果可行的話，我們預估，一年可以為銀行省下將近百分之五左右的交易成本。這是一種比較有效率的方式，一方面與多方交易對手互相沖抵擔保品，把需要提供的擔保品精算到最合乎成本效益，同時，也是一種能確保及降低交易雙方風險的管理方式。」

我先發言，把可以省錢的關鍵一腳踢出來給他們。我知道在董事會成員的心裡，這個擔保池計劃是一項為控制風險管理的機制，也是一個會增加費用的項目。我必須要先擊碎這個先入為主的偏見。

接下來，湯姆以他受過工程師訓練的本能，操著悅耳的東岸美式英語，有系統地深入淺出介紹整個計劃的細節。

「好比說，一張桌上有五個人在打牌，每個人都有自己的一副牌和承擔輸牌的能力。坐在牌桌上的每一個人都覺得自己手上拿了好牌，而相對地擔心其他人輸了之後，恐怕沒有支付的能力。這樣子的牌局往往打不大，也會迫使參與打牌的人提早亮牌，獲利了結。」湯姆努力地比喻著。

高背皮椅上的大頭們個個面無表情。

「所以，如果有一個人好事地跳出來，先向牌桌上的每個人預收一筆錢，集中保管起來，並且按照累積的籌碼金額，循序漸進地由集中保管的金額裡，依照每人手上的牌，系統地推算賠比率，進而做加收或減退的動作。如此一來，既可以讓每一位牌桌上的人安心打牌，也可以及時剔除打腫臉充胖子的人。」我試圖用更進一步的方式來比擬牌桌情境，看看有沒有機會刺激一下大頭們的反應。

一片死寂，高背座椅上沒有一個人改變臉部表情……

突然，其中一位發難，接著一陣騷動隨之而起：

「這樣聽起來，你們要開賭場了?!」

「我真的不想用強烈的字眼來形容，但是對我而言，真的荒謬！」

「你們確定這個計劃有可行性嗎？」

七嘴八舌，萬箭齊發。

我心涼了一半，極力思索有什麼方法來應付這個一發不可收拾的局面。我知道一旦有人提出負面質疑的意見，大多數的董事都會隨波逐流，採取相同的態度。畢竟我們提出的擔保池起始資金就是一筆相當大的金額。要董事會同意掏資本出來做生意是非常困難的，非要幾進幾出，會前會後反覆地磋商。

我轉頭看看湯姆，他面色如土，眼神呆滯，開始啃起指甲。

「是否可以容我表達一下我的看法？」剛才電梯裡那個粗壯沙啞的嗓音，迴盪在偌大的會議室裡。

「當然！當然！」坐在中央的董事長客氣地接話。

「他們倆應該是費了一番功夫在研究這個擔保池的事。聽完簡報後，我和在座的各位一樣，不是特別清楚這個計劃究竟有多少可行性。但是，姑念他們的努力，我看這樣吧！讓他們兩人繼續努力下去，從現在起，這個案子相關的所有費用，包括他們倆的人事薪資，都由我帶的利潤中心來吸收。再往下走一段，到下一個比較成熟的階段，再回來董事會提案報告。」那個在電梯裡拿著香菸的人，出奇平靜地對著其他的董事說。他的語調平和穩健，態度從容。

「ＢＪ，你剛才講的話，句句都像仙樂飄進我們的耳朵！」董事長露出難得的笑容回答，一邊環顧著兩旁的董事們。

「謝謝你們的支持了。」ＢＪ點點頭，禮貌而客氣地向在場的其他人致意，也稍微看了湯姆和我一眼。

董事們紛紛起身去喝咖啡休息，接在我們後面要來做簡報的團隊已經橫衝直撞地進來了。湯姆和我倉皇地收拾桌上的文件，三步併兩步地踉蹌奔跌出會議室之際，我回頭瞄了最後一眼——ＢＪ單手插在褲袋裡，另一手優雅地端著雪白的咖啡杯，自在地周旋在幾位董事們之間，有說有笑。

「你對這個ＢＪ有多少了解？」湯姆那一百九十公分的巨大身軀靠過來，緊張地低頭對我小聲探著。

「我沒有一絲概念！」

「我們下一步該怎麼辦？」

「先去和ＢＪ的助理約一下時間，我們得和他坐下來，好好談談。他是我們的衣食父母，這個擔保池的成敗掌握在他手裡。去見他之前，我們一定要搞清楚他是怎麼樣的一個老闆。」我自己也有點奇怪，前幾分鐘還驚魂未定，事情的轉折如此戲劇化，這一刻竟然馬上可以鎮定地回答湯姆。

「我去找喬伊，他是我華頓企研所的同學，我們常常在下班後一起去小酒館混。喬伊的工作就算不是直接，應該也間接和ＢＪ有關，或許他可以透露一下，為我們指點迷津。」湯姆機靈地反應說。

「如果約到了喬伊，你介不介意我也跟著去，和他認識一下？」我想事關重大，與其聽湯姆轉述新老闆的二手資訊，不如厚著臉皮湊上去，親耳聽聽這個喬伊怎麼講。

湯姆二話不說便抓起手機。「嘿！喬伊，你最近躲到哪裡去幹見不得人的勾當啦？」這樣對著電話吆喝，不知是故意要表示他們交情匪淺，還是真的哥倆好。

「噢！原來如此。嗯，知道知道。哎，老兄，我遇上一個詭異的情況，得和你碰個頭，扯一下。今天下班後老地方見，可以嗎？……也不是那麼急啦！」湯姆輕鬆自在地應答，在談笑用兵之間，不著痕跡地約到了喬伊。

這是紐約客的文明和世故，明明是慌張地急著要從喬伊那裡挖消息，可是仍然要維持一派輕鬆瀟灑的帥氣。

湯姆一邊收尾，一邊對我比了個「ＯＫ」的手勢。

搞定！

●●●

「ＢＪ真的跳下來扛你們？」喬伊雖然嘴巴這樣問，可是臉上的表情一點也看不出什麼太驚訝的樣子。說完之後，他又灌了一大口啤酒。

「我們也是一頭霧水，不明白他怎麼會突然站出來挺這個案子。感激之餘，我們對這個新頭家是一無所知。他對我們而言，資深又遙遠，非得靠你教我們一下，告訴我們如何服侍這個老闆。」湯姆諂媚地說。

我因為是頭一回見到喬伊，所以最好的社交方式就是保持安靜，讓湯姆主導談話內容。

「ＢＪ有一個非常響亮、眾所周知的綽號，你們知道嗎？」喬伊賣關子，挑著眉毛說，一雙靠得太近而有點鬥雞的眼睛看著湯姆和我。看得出來，他可是有個很大的話閘子要打開來，轟死我們這兩隻菜鳥。

「**惡棍金童！**」他把最後一口啤酒仰脖牛飲而下，同時揮手叫酒保再來一杯。反正他知道今晚是他的快樂時光，是我們埋單受教。在紐約，沒有免費的午餐，更沒有免費的情報。

「ＢＪ是個極有爭議性的人物。他使壞起來，和街頭上的惡棍沒兩樣。可是，他所負責的業務範圍年年超標，不管董事長交代任何事情，他一定都達成使命。他是董事會裡的金童。」

「所以ＢＪ是個毀譽參半的人囉？」我忍不住插嘴。

「看你在哪方。站在他那一邊，你沒事。和他槓上，你就吃不完兜著走。」喬伊非常滿意自己的觀察，點著頭微笑回答。

「所以我們安了，他自願來扛我們這個計劃，我們算是站在他同一邊了。」湯姆有點沒出息地自我安慰一下。

「沒錯，你可以這麼說。但是ＢＪ也不是好伺候的老闆。他的要求很嚴苛，愛恨分明。有時候天馬行空，搞不清楚他究竟要什麼，朝令夕改。做他下面的人，另外一個困擾就是摸不清楚誰是他的敵人，和他在什麼時候，為了什麼事而得罪過什麼人。這些亦敵亦友的模糊曖昧關係，恐怕是你們弄擔保池最大的麻煩。」喬伊又說了一串令人心驚膽顫的話。

除了有關ＢＪ的事，那晚其他打屁的話，都迅速由我腦袋的記憶庫裡消失。

ＢＪ的金髮碧眼助理非常友善，很快就把我們排上ＢＪ的行程表，而且電話中特別強調第一次見面千萬不要遲到，再三叮嚀我們要預留充裕的時間，走去另外一棟樓房。

ＢＪ的辦公室不在銀行總部大樓內。

「奇怪欸！他幹麼弄個辦公室在這條老街上？」我氣喘吁吁地問湯姆。

我們按照地址，走到了一條石板鋪的窄巷裡，兩側都是不超過十層樓的老建築物，磚造雕花門窗，蒼老但是堅毅不屈地提醒著：它們是真正見證過紐約下城的百年風華。

這一區的老樓房埋在高聳的現代摩天大樓中，之前都是作為工廠用，現在被歸為歷史建築，外觀不可以做任何變更，不過內部可以進行現代化更新。不是老到的紐約客，不會知道這些建築，更遑論弄個辦公室在這種歷史古蹟樓裡了。

「哇！這部電梯應該有一百年了！」湯姆喊著，慌張地四目張望。他大概是覺得自己太巨大了，深怕這一部仍然保持上下推拉和單向手動操作的木門電梯，會撐不住他的重量。

「歡迎來到我的貧民窟，希望你們剛才搭的電梯沒有出毛病。」ＢＪ坐在椅子上，大聲喊著，然後他站了起來，示意我們坐到沙發上。

這是我頭一回如此近距離地觀察這個人。

他站起來比湯姆還高一點，活脫脫就是個從美國香菸廣告中走出來的牛仔！一頭灰白夾雜的濃密頭髮，兩道粗獷又驕傲上揚的眉毛，淺藍近乎灰白的眼珠，鷹勾鼻下留著一抹厚實的鬍鬚。健康紅潤而微薄緊閉的雙唇，配上剃得乾淨的下巴，魚尾紋加上垂直線條的法令紋。

這樣一個長年在室內工作的人，卻有著一張飽經風霜、古銅膚色的臉，和看盡人世滄桑的悲憫表情。

「你們那天做的簡報好極了！你們所分析的數據、擔保池計算的基準，完全是我早就想要去做的事。這項擔保池計劃，早就該有人挑大梁去主導。我一直擔心別家銀行會捷足先登，比我們先跳出來做呢！」ＢＪ邊說邊為自己點上一根香菸。

「擔保池的頭一筆基礎資金和有價證券，都可以由我這裡的保管業務部門提供，你們需要多少，我就給多少。不要客氣，開口就是了。」

他噴吐一道青煙，繼續說著。

「我認為，我們應該以最快的速度建立一個擔保池，開放給所有的銀行來參與使用。他們如果需要資金和特定的擔保有價證券，資金我可以借；特定的證券，只要我們保管的庫存有，我也可以借，利率和借券費用都可以談。推廣這項業務初期，我願意給優惠折扣。」Ｂ

Ｊ一派務實又非常生意經地列出他的策略。

總算見識到了，這個ＢＪ難怪是個金童，有挑戰的事，在董事會成員面前一肩挑起，成敗得失完全由他負責。這種人，當然是一名金童！

他雙手手肘支在修長的大腿上，上身前傾，以夾著香菸的手指示意我們靠近一點，故意壓低聲音說：「這個擔保池一旦做起來，我們就坐在錢坑上了。到那個時候，我告訴你們，一狗票人會爭先恐後地來搶食這塊大餅，所以我們動作要快！但是，現階段一定要保持低調。我預期銀行內部的人也會來搶功勞，你們得小心提防。只要有任何問題，或遇上了麻煩，儘管到我這個貧民窟來求救。」

貧民窟？

ＢＪ的辦公室座落在一棟樓房的後縮頂層，室內面積只有其他樓層的一半，另外一半是一個露天陽台，從他的辦公室可以直接走出去。低陷在都市叢林的摩天大廈中，毫無景觀可言，但是對一名老菸槍而言，有這樣一處露天陽台，誠可謂是天堂一角。

百年老樓的外觀不能動，內部可是完全的現代化更新，他當然在室內加裝了空氣濾淨除菸臭的專業設備。他為自己創造了一個專屬老菸槍的樂園。

既然不在銀行總部大樓內，所以他自由地選用了一張實心橡木古董大桌子，配上手工縫製的天然染色牛皮沙發，相應閃亮銅釘收邊的風格，他的辦公室真是充滿牛仔的粗獷野性。

有趣的是，他在室內的一角，放了一個兒童玩具店裡有賣的那種五顏六色的籃球架，下方擺了個很大的垃圾桶。他習慣性地把看過不保留的文件，揉成紙團來投籃。

更有意思的是在他的座位正上方，隔音天花板上，插滿了一大把鉛筆。ＢＪ除了用紙團投籃之外，還習慣把鉛筆以自動削鉛筆機削尖之後，像射飛鏢般地往自己頭頂上的天花板扎。

「你為什麼要在頭頂上弄那麼一大把鉛筆？」我忍不住好奇地問。

「這些鉛筆是我的卜卦，遇到困難的事情，不知道該如何決定時，我就丟擲一枝筆上去：扎中了不掉下來，就是正面；扎不中了掉下來，就是負面的。哈哈！」他戲謔地回答。

我忍不住一直在找：哪一枝鉛筆是代表擔保池？

走回銀行總部大樓的一路上，我心裡想著：真是個機巧的惡棍！帶著一個小小的團隊，搬離現代的摩天大廈，到了一棟租金相對便宜的老樓房。董事會一定認為ＢＪ是體諒總部空間不夠用，遂自願騰出空間，與世無爭地在一個小角落工作。殊不知他口口聲聲的「貧民窟」，其實才是一個老菸槍樂園。天高皇帝遠，他愛怎麼樣就怎麼樣，在室內吞雲吐霧，也沒有人敢抗議。

有了ＢＪ加持，擔保池的設立計劃進行順暢。湯姆和我打著ＢＪ的旗號，所向披靡，相關部門的配合度大大提高，對於「惡棍」手下的小弟，畢竟也是少惹為妙。

就這樣一路進展順利，我們來到了一個關鍵階段：必須取得紐約交易所和州政府的許可，才能繼續走下去。

照慣例，這種許可的申請，要取得主管機關的所謂〈不採取處罰行動同意書〉（No-action Letter）。換言之，就是詳細說明擔保池的一切皆符合現有的法令規範，一旦開辦，主管機關不會認為我們做了超出法令的商業行為。

「少蠢了！這份不採取處罰行動同意書，絕對不可以用我們自己的名義去申請。那些主管機關裡的混蛋一拿到資料，下一分鐘就會流出給我們的競爭對手，第二天所有的銀行都會要出來設立擔保池，Game over! 遊戲立刻結束了！」

在每週的例行會議中，ＢＪ一聽我們提到這份同意書的申請步驟，馬上反駁。

「拜託！快去找個律師，叫他以不揭露委託客戶名字的方式去向主管機關申請。」他進一步地指示。

「我們已試著與幾家律師事務所接觸過，但對方不是漫天開價，就是推託業務繁忙，不接新案。」我邊說，邊將五家律師事務所的資料攤在ＢＪ那張巨大的桌面上。

他看一張揉一團，往那個兒童玩具籃框裡丟，剩下最後一張——我瞄了一眼，偏偏就是那個最傲慢又昂貴的律師。

ＢＪ隨手抄起一支特粗的雪茄，點著火，叫助理撥電話過去，不一會兒便接通了對方的助理。按下擴音器，我們聽見她甜美可愛的回應：「這裡是摩根律師的辦公室，有什麼可以為您服務的？」

「我們要很快地與摩根先生談一下。」ＢＪ以他招牌的沙啞低沉嗓音回答。

「很抱歉，摩根先生現在沒辦法接電話。您可以留話，我們會盡快回覆。」

「我在線上等他，反正閒著也是閒著，我和你也可以聊天。」ＢＪ一本正經地說。

「摩根先生現在不在辦公室。」

「哦！沒有關係，我還是可以在線上等他，反正市內電話費我負擔得起。」

「摩根先生在度假，滑雪去了。」

「哈哈！女士，你有兩個選擇：一是告訴我他住的旅館，或是請你把他的手機號碼給我吧！我今天一定要和摩根先生說上話。」

要惡棍果然有效，要到手機號碼之後，ＢＪ立刻撥打過去。

「摩根先生，真是羨慕你可以去滑雪。我是ＢＪ，承蒙你知道我和我服務的銀行。」

顯然，滑雪的人對於突然打去的電話有所不悅，ＢＪ早料到對方的反應了，所以並沒有把這通電話放出擴音。

「……千萬不要怪你的助理，是我逼她把你的手機號碼給我。千錯萬錯都是我的錯。」

「……對，我們很急，如果你同意接這個擔保池的案子，我感激不盡。」

「……對！若你不接這個案子，我會努力讓華爾街金融圈子的人，都知道你熱愛滑雪勝過照顧客戶。哈哈！當然是開玩笑啦！」ＢＪ在電話裡的語氣是嘻哈一場，可是那根雪茄已經被惡棍咬爛了。

很快地，〈不採取處罰行動同意書〉弄到手了。也果不其然，在跨越這道障礙後，擔保池已成蓄勢待發之際，要來參加「派對」的人突然從四面八方冒了出來。

「我是負責金融交易擔保品的主管艾美，希望能和你們兩位見面，討論我們擔保池的事。」

「我是道爾，在我們的擔保池設立之前，所有的法律文件都要送到我這裡來批。」

「我們擔保池的系統及網頁內容，沒有我的批准，是不可以上線的。」

之前都是「你們的擔保池計劃如何如何」，現在全都改口說成「我們的擔保池計劃」。ＢＪ果然是真知灼見，他早就預料到銀行內各部門會一個接一個地來攔功勞。

湯姆和我別無選擇，只能把這一批批難搞的大人物，統統引導去那個「貧民窟」，親自體驗一下ＢＪ的惡棍行徑。當然，雜音三兩下就消除乾淨了。

擔保池計劃正式營運的半年後，ＢＪ才回到董事會，親自報告這半年的成果。湯姆和我乖乖地坐在他的兩旁。我們有幸可以親眼目睹一個在「貧民窟」上班的人，搖身一變，成為一個耀眼無比的金童。

日圓的店

「先生，要不要去我們的店裡坐一坐？」驀然回首，我驚訝地搜尋是誰操著華語來搭訕。

春寒料峭的新宿街頭，一個皮膚白皙的年輕人，烏黑濃密的頭髮誇張地塗上滿頭的髮膠，瘦削的臉龐縮在豎起的大衣衣領內，長得算是清秀。

「你怎麼看出來我不是日本人的？」

「嘿！我從上海來的，咱們的腦袋比日本人好使，我一眼就看出你是外地來的。」

他手裡拿了一大疊傳單，為附近的餐廳、柏青哥、色情店和武富士，嘻皮笑臉地在招攬客人。

「你想去哪個店？我介紹你去，都有折扣優惠。」

在熙來攘往、萬頭攢動的東京新宿街上，這種半皮條客勤勞地穿梭於下班趕電車的上班族之中，也像是永恆街景之一。

「什麼是武富士？」我對其他的店不感興趣，倒是對這個名字好奇。平常這種半皮條客都是日本人，我的日語不靈光，問不出個所以然來。今天被一個上海來的傢伙堵上了，不妨和他閒扯淡，來弄個明白。

「就是『日圓的店』呀！走進去，只要證件沒問題，十來分鐘，就可以拿一百萬日圓出來。」

「有這麼方便的借貸方式？」不等他接腔，我抽了一張傳單，上面印著「武富士日圓的店」。我頭也不回，大步走去地鐵站，心想什麼鬼東西，這個上海傢伙在糊弄我，不必浪費時間。

「武富士日圓的店」的巨大霓虹招牌，倔強地站在東京街頭的許多大樓外，我始終都沒有用心去搞清楚究竟什麼是「日圓的店」。

「吳桑，能否進去您的辦公室？有點事情要私下和您商量一下。」高橋一如往常，探著顆少年早禿的腦袋鬼鬼祟祟地貼在門外，黃著一口一天抽上三包菸的牙齒，半笑不笑地問。

「進來呀！有什麼事？」

高橋躬著身子，略微下垂的雙臂不自然地前伸，低頭小碎步滑進來後，馬上轉身把門關起來，畏畏縮縮地坐在我的桌子前面，屁股只沾了一半的椅子，右手掩著嘴，低聲細氣地說：「我有個客戶，不是不是，應該說是可以成為我們客戶的對象……遇到了一些困難，找不到銀行可以幫忙。我想您從紐約來，世面見得多，或許可以想出比較好的點子。」

「客戶叫什麼？」

「哎，嘿嘿！就是那個『武富士』。」

「日圓的店？」

「哇！吳桑，您知道這個客戶哦！」

我心裡想：滿街都是他們的巨大霓虹招牌，又是用正統漢字寫的，你當我是文盲？但是我也著實好奇，高橋幹麼弄得神祕兮兮的？

我耐著性子，和顏悅色地問：「他們有什麼困難？」

我的反應似乎反而讓高橋吃了一驚，他立刻反問：「我們可以接受他們成為客戶，為他們提供解決困難的方式和服務嗎？」

我警覺到這家「武富士」好像是個非比尋常的機構。從高橋的樣子看起來，他本來應該是預期我一聽到這個名字就會嗤之以鼻，馬上把他轟出去。

我除了上次在新宿拿到的傳單和滿街的廣告看板之外，對武富士是一無所知。

「我預期如果可以和武富士往來，我們今年的業績可以有兩到三倍的成長。」高橋見機行事，立刻對我施展誘之以利的招數。

我不置可否地點點頭：「你去把他們公司的資料、財務報表和現金流量拿來看看再說吧！」

「他們很賺錢耶！他們抽的利息很高。」

高橋大概看出了我並不知道武富士是以什麼為本業，但是他也識相地收場，離開前說：

「我立刻去蒐集資料。」

看到高橋的反應和快速離去的身影，我腦袋裡立刻開始思索自己該如何做好功課。

我必須馬上了解「武富士日圓的店」到底是什麼。然而在封閉保守的日本社會裡，關於一家未上市的融資公司，谷歌上唾手可得的資訊是少之又少。

在日本，要接納一個有爭議的客戶，內部會議上，我一定會被質疑。儘管表面上不會表露出來，不過那些自認為全盤掌握了本地客戶的資深日本業務人員，免不了會在內心訕笑：又是一個不懂日本商業規範和模式的外國人在出洋相！他們會袖手旁觀，即便高橋蒐集到了完整的資訊，他們仍然可以倨傲地點出資訊的謬誤與不足。到那個時候，我一定會被逼到去採取防禦性的角色。這樣的角色在日本就是「失敗者」的代號。

我下意識地走進了那間面積窄小的台灣料理店，它有個詩意的名字：「春雨」。

在新宿歌舞伎町的外圍，一對樸實努力的台灣夫妻胼手胝足地在東京打拚生活，看到同鄉光顧，永遠堆滿笑容，菜餚更是堆得比山高。每當有什麼煩惱，我總會習慣地來到這裡，或許，就像回家的感覺吧。

第一次到這家台灣料理店時，我打趣地問他們怎麼會取「春雨」為店名。夫妻倆靦腆地回答，剛到東京時，他們只會炒冬粉，而日本人覺得冬粉細嫩潔白如初春的小雨，所以把冬粉冠上「春雨」這個漂亮的名稱，放入菜單。他們的拿手絕活是炒冬粉，因而以此為名。

「歡迎光臨。你有一陣子沒來了，一定很忙哦！今天還是老習慣？」老闆阿邦忙不迭地熱情招呼我。

「『武富士日圓的店』究竟是怎麼一回事，你知道嗎？」我直截了當地問，反正在同鄉面前展露我的無知也沒關係。

「你跟他們借錢了？」阿邦錯愕地看著我。

我把企圖收納武富士為客戶的來龍去脈精簡地描述了一下。阿邦的機靈反應就和他炒的春雨一樣，條理分明，細而不斷。他說：「武富士是一家融資公司，只要有身分證或駕照，年滿二十，經遠端視訊審查通過後，當下就可以從貸款機取出借款，最高額度是一百萬日幣。隨借隨還，每天的利率是一包香菸的錢。」

「你跟他們借過錢嗎？怎麼這麼熟悉。」

「薪水階級月不敷出，我們小本生意臨時周轉，都會去打點錢出來應急。」

阿邦是從一個消費者的角度來看，好像沒有什麼負面的情緒。走在回家的路上，我低頭掐指一算：一天一包香菸的錢，四百四十圓乘以三百六十五天再除以一百萬元，等於是將近百分之十六！日本儲蓄的負利率已經多年，也就是存款利率低於物價上漲，可是武富士居然可以收到這麼高的利息。這根本是一個高利貸的融資公司！

我恍然大悟，原來高橋是要牽線引這樣一家公司進來。

「這是我透過特別的私人關係弄到手的資料。」高橋恭敬地雙手呈上一疊裝訂整齊，以高級潤黃紙張列印的報表。

我禮貌地翻閱，故意在中間的幾頁停留久一點，假裝仔細研究，並且用手指去觸碰別具巧思的圖表分析。

「這個公司很賺錢哦！這麼會經營的公司，怎麼會沒有日本銀行往來，而需要找個外商銀行呢？」我不動聲色地問高橋，仍然低頭努力研究他拿來的資料。

高橋不搭腔，雙手握拳端放在大腿上，這種坐姿就像五〇年代的畢業照，老師、校長坐在第一排的椅子上，清一色地握起雙拳平穩地置於腿上。

「因為武井先生。他是武富士的創辦人。」

「為什麼？」我明知故問。可惡的高橋！這明明就是一家放高利貸的公司，社會形象差，沒有銀行願意和這種半黑道的公司往來，他不直說，還硬要胡謅一個名字來耍我。

「武井先生有一個特別的要求，其他的日本銀行無能為力去滿足他的這個要求。」

「不是形象的問題？」我忍不住點破。

「日本銀行這幾年的形象也好不到哪裡去，沒有資格看不起武富士。」高橋一本正經地坐著回答，雙拳仍然緊握著。

我站起來，搭著高橋的肩膀，拉他一起去走皇居外苑的松林。

之前看過一本書，要跟日本人交心，千萬不要眼對眼地盯著對方。大和民族的溝通方式是間接的，雙方最好都看著同一個方向，語氣、聲調和肢體語言才能充分展現。

我鼓勵高橋知無不言、言無不盡地告訴我怎麼回事。在百年老松林之間，初春的清冷空氣中，與他並肩而行，我注意到他的步伐加大了，雙拳放鬆了，呈現出不一樣的高橋。

二戰末期，所有的民生物資匱乏，人們在悲觀之餘，紛紛把房地契拿來賤賣以換取餬口。武井是個東京的小混混，利用黑市交易累積了一點錢，大膽又亡命地幹起房地契抵押借貸的行當。在那個兵荒馬亂的年代，他在東京市內，迅速收購了大片的不動產。

戰後的復甦腳步快到讓當年賤賣的人捶胸頓足，武井則是坐擁金山。他把手上的不動產抵押給銀行，借出來的低廉錢，再以鋪陳於大街小巷的「武富士日圓的店」，轉手融資給一般的小市民，賺取暴利。這個商業模式，簡單又有效率地幫他累積了更多的財富。

高橋的描述大致和網路上可以搜尋到的資訊大同小異。

他如數家珍地一口氣把武井崛起的傳奇故事講完，自己也如釋重負地更放鬆了。

「武井現在有什麼困難？日本銀行幫不上忙嗎？」

「他的困難，恐怕要麻煩您自己去向他問清楚，我的層級不夠，武井先生不會直接和我對話的。我也只是一個傳達訊息的人而已。」

剎那間，有個形象浮現在眼前：一個人戴著墨鏡，口中啣著牙籤，臉上斜橫一道刀疤，左手的小指頭不知去向……我去見武井先生？為了提升業績，真有冒這個險的必要嗎？

「武井先生一再誠懇地拜託，希望能有機會和支店長親自見面。」高橋看出我的猶豫，忙著補上一句。

「我只是去見面聊聊，不表示我們會接受武富士為客戶。」

不等我說完，高橋已經興奮地伸手去撈他的手機了。

車子優雅地穿過了綠樹成蔭的表參道，緊接著，突然轉進接近明治神宮外苑的一條巷子內，沿著長滿青苔的石牆足足又開了五分鐘，才在一扇低矮的木門前停定。

向內窺探，在這扇稀鬆平常的木門之後，是一大片草地和菜園，一棟有著茅頂的日式民宅，悠閒而安詳地橫陳在白楊樹和苦楝之中。真想不到在東京市區裡，竟然還有這樣的居家環境。

我和高橋左右張望了一下，找不到電鈴按鈕，只好擅自推門進入。結果才剛踏進去，房子後面便竄出一群狗，慘了！明天的報紙頭條〈外銀主管擅闖民宅遭惡犬咬死〉，應該可以提供大手町午餐時間一個好笑的話題。

「不要害怕，牠們都是退休的導盲犬，非常友善的。」從屋後傳來一個吼聲。定睛一瞧，的確都是略嫌肥胖的拉布拉多犬，我的小腿肚被熱情搖擺的尾巴打到都有點痛了。

再抬頭，茅頂屋簷下的玄關前，站著一位身材清瘦的老人，身上一襲藏青色和服對比著蓬鬆的銀髮。他祥和地示意我們進入屋內。

「我剛才在後院餵魚，直到狗兒們竄到前院，我才知道你們來的時間到了。希望你們沒有被狗嚇到。都是老狗了，一輩子工作，對人仍然是熱情不減。」武井一邊說，一邊沏上一壺茶，自己慢慢地盤坐在我們對面的榻榻米上。

兩道修長的壽眉，遮掩著一雙悲憫的眼睛。皮膚白皙，沒有明顯的皺紋和老人斑。微薄的雙唇，沒有刻意下垂的嘴角，卻有著一口又大又白的整齊牙齒。這種日本老人的長相並不多見。我一時之間，搞不清楚坐在對面的是一個以放高利貸致富的黑道老大，還是稍微年輕版的川端康成。

高橋遵循禮儀地向武井介紹我，又依樣畫葫蘆地向我介紹武井。在這個過門橋段，我端詳了一下這棟茅頂民宅內的裝潢，簡樸禪意：原木梁柱地板，古拙的鐵壺和天目釉茶具，低矮貼身的靠背扶手，經過長年的使用擦拭，泛出了條理清晰的木紋和溫潤的色澤。原本我一心以為今天可以大開眼界，來到一座金碧輝煌、保鏢簇擁又門禁森嚴的城堡。

「我從小住在鄉下，比較習慣這種木造房子。不過，這些木頭都是由加拿大來的，不是用台灣的檜木。」武井好像有讀心術，看穿我在心裡的嘀咕。每次看到日本神社的大門都有標註哪一年建立的，換算一下就知道是二戰前由台灣砍過去的。

我警覺到武井也是有備而來，至少知道我是台灣出身的。

「在日本做老百姓的小額貸款不容易呀！」我找個話題。

「應該說日本小老百姓要去銀行借點錢，難如登天。」武井微笑地回答。

確實！一個日本人走進銀行說要借個小額的貸款，先是查了祖宗八代，填完所有的資料，結果最後得到的答案是「不借」。在一個高儲蓄率的社會，混到沒有親人可以開口而需要去銀行借貸周轉，日本銀行認定這種來借錢的人是沒有羞恥心的，拒絕也是應該的。

諷刺的是，日本銀行卻滿心歡喜地接受武井的不動產抵押，將大把鈔票以極低的利息借給他，也難怪武井為小老百姓抱屈。

「武井先生，你怎麼控制倒帳？」

小額貸款的倒帳率，一直是各個國家最麻煩的事。一個人借了錢，揮霍殆盡之後便拍拍屁股走人，躲到天涯海角，對此，銀行束手無策。

「早年，我派人穿粉紅色西裝、蘋果綠的褲子，打著鮮黃色領帶，去借款人上班的公司拜訪，或是去住家找左鄰右舍訴苦，說我們武富士被倒債了。這樣明顯的討債人物出現，借錢的人會覺得很羞恥，四周的人都在看笑話，所以他們大都會立刻想辦法湊錢來還債。」武井邊說，邊喝了口茶。看得出來，他對這種追討的方式並不是很得意。

「這幾年，大數據的資料庫建立之後，我們知道有三種借款人是不會賴皮的，於是我們閉著眼睛拚命借。首先，二十來歲的女孩子初出社會，一定要有一套高貴的和服來因應婚禮及正式的社交活動，一百萬日幣的和服只是初階入門款。她們只要說明是為了添置和服，我們一定支持。此外，我們日本人的齒顎基因很差，年輕男女都很需要花錢做矯正，這種對自己顏面負責的人，我們也借得毫不手軟。第三種就是借錢買鑽石戒指求婚的傻小子。西方文化和廣告已經把日本年輕的一代洗腦了，認為鑽石代表愛情的永恆。有這種借款需求的人，我們也發現不會賴皮。」

「和服、齒顎校正和鑽戒，這三者是大數據顯示的穩當借貸。」高橋馬屁地做出一個總結。

「武井先生，既然你們的借貸模式配合大數據資料庫已經很成熟了，利息可以抽到百分之十六，遠端借款面試機在東京設得鋪天蓋地，而且是二十四小時營業。你還有什麼困難？而我們又可以協助你什麼？」我真的不解。

「因為我要把武富士上市，讓大眾投資人都可以持有它的股票。」

那麼賺錢的融資公司，擁有廣大的不動產，要符合上市的資格輕而易舉。何來困難之有？

我欠身挪了一下身子，低聲說：「上市公司也有許多限制，股東有時候也很難纏的。」

「正因為股東難纏，我才冀望你能幫上忙呀！」

天色漸漸昏暗，武井扭開了由主木梁下垂的紙燈，接著不慌不忙地再沏上一壺茶，開始耐心地解釋他的想法。

「我的家鄉在西日本，天氣寒冷，土地貧瘠，父母早逝，我對他們沒有印象。我大哥去了中國戰場，二哥被徵調去南洋，從此杳無音訊。在我十三歲時，跟著一個同鄉跌跌撞撞地跑來東京，無一技之長，只好到街頭廝混，從車站、工廠的倉庫裡偷大豆去賣，常被警察和其他的混混打得遍體鱗傷。但是幾年下來，我也糾結聚眾，弄了一個小場面，以黑市盜賣大豆的錢，接受房地產抵押來放帳。」

武井先生啜了口茶，垂視著自己放在茶几上的雙手，緩緩地說：

「貧無立錐的人，看到房地契，如獲至寶，無知天真，哪裡會在乎戰爭的結果。誰知道戰後恢復得不錯，我手上沒有贖回的房地契價值暴漲，於是我繼續努力不懈地做民間放帳的行當。我知道這是吸人血的事，不光彩！」

三個人對坐，目光都不敢交集，茶也涼了。

「在我退休前，把武富士弄上市吧！說不定之前來借錢的人也可以成為股東，分享公司的利潤。我則要專心照料退休的導盲犬！哈哈！」

「武富士的獲利能力與經營模式，以及『日圓的店』這個口號，應該是所有投資銀行極力爭取的案子，您的上市價格會非常好的。一輩子的努力，可以風光回收，也可以有更充沛的資金去贊助導盲犬協會呀！」高橋諂媚地附和。

武井先生壓低了嗓音，近乎怒斥地說：「你沒有帶耳朵來？我是要把利潤分享給股東！是我還債的時候到了！」

「武富士的股票上市後，有意投資的人，自然會採取行動來認購，你要分享的初衷一定可以達成的。」我打了一個圓場。

「不夠！我希望武富士上市的前五年，每年都可以發放至少百分之十六的股利。」武井先生兩眼平視，斬釘截鐵地告訴我們。

「保證股利是違法的行為，再說武富士上市後，是不是每一年都可以維持一定的獲利能力，也是一個未知數。」我淡淡地提醒。

切到了這個關鍵點上，武井很坦白地承認，這個「保證股利」的要求就是他面臨的困難。沒有一家銀行或證券公司有能力提出解決之道。他說公司現在保留了歷年來的龐大盈餘，他要先把這一筆巨大的款項挪出去，上市後，再逐年灌回公司，這樣子就可以保證五年的股東權益。

要把一筆將近一百億美元等值的日幣挪出去，談何容易！這筆錢在上市前的會計審查過程中，無論挪到哪裡，都會被認列為既有資產，日後無法再以收入的名義灌回來支付股利。但這一百億美元，如果可以去支付業務上某種長期需求的必要費用，日後就有可能以業務需求減少為由，而回收已經支付的費用。

換句話說，好比一個人去簽了五年的租約，為了折扣，一次把五年的租金先付清。結果第三年因為工作變動，不再需要繼續住在同一個地方，跑去找房東退租，繳納提前解約的罰金後，可以把預付的租金再拿回來。

如果能為武富士找到業務相關的合理費用項目，武井先生的困難就可以迎刃而解了。

「武井先生，對於這麼多年來你一手創立、努力經營的武富士公司，什麼是你認為最大的風險？」我猜得出他的答案，但是仍然要他親口說出來。

「當然是銀行拒絕繼續貸款給我，或是大幅增加我該支付的利息。由於有不動產抵押，完全拒絕提供資金給我，是不可能的。但是，如果出於某種不可預期的因素，大幅提高利息，甚至超過了我收到日圓店借款客戶的利息，武富士就會有麻煩。」

「所以武富士業務發展的長期需求，是要有一個穩定的資金來源和固定的利率。」我盯著武井先生說。

武井先生過午不食，到了接近晚餐的時間，我和高橋識相地告退。在一大群熱情的狗兒歡送下，我們小心快步地穿越菜圃，仔細帶上高不及腰的木門，恭敬地轉身鞠躬，向武井先生道別。

「我們既然答應武井先生要回來研究，就一定要想出辦法！」高橋隔天就來提醒我。

「你去把你那群道貌岸然的日本同胞先搞定，我可不要背負這個和黑道打交道的黑鍋。解決方案我已經有了。」我一把推開高橋，去上廁所。

解決的方法其實並不太複雜：武富士上市後的五年內，要確定他們由日本銀行取得資金；所需支付給銀行的利息，一定要低於他們轉手貸出去所收到的利息。

鎖定了這兩筆利息的差距，就是武富士業務的長期需求。

「要鎖定五年的日幣利息差距，在目前資金寬鬆的情況下並不困難。我馬上可以跑出一個程式，預測武富士未來五年的借貸利息差距，來試算應該收取多少保證金。」數學天才山崎駿勤快地回答。

「不要忘記把武富士可能會提前解約的費用也一併試算出來，我們要預估提前解約可以退回武富士的金額。」我不放心地又補上一句。

和武富士簽訂一份「為期五年保障利息差距」的合約，符合融資公司的長期業務需求。如果武富士上市後的五年間，有任何一年獲利不足支付武井先生堅持的百分之十六股利時，他們可以依約要求提前解約，取回預付的費用來支援不足的部分。

高橋在週會上報告這個「武富士」的案子時，我冷眼看著幾位資深副總裁們雙臂抱在胸前，個個不以為然，但是高橋會前的招呼和溝通應該是做到位了。

武井先生的困難並不是財務工程的複雜，而是企業形象的負面傷害及日本金融界的虛偽。如果不是親自去和武井先生見面，我也不敢接受這個客戶。

「吳桑，這麼大的交易，要不要先去和大藏省的官員報備請示一下？紐約那邊也應該要去照會一下吧？」高橋深怕最後一分鐘有差錯。

「你去呀！」我對他說。

我心想：這個交易是大，但是並不複雜，完全符合武富士的長期業務需求，幹麼畏首畏尾的？說穿了，其實不就是擔心和一家放高利貸的融資公司扯上關係。

最後，主管機關挑不出毛病，紐約則壓根兒不知道「武富士」這個名字的敏感度，我們很快地就備齊了相關法律文件，與武富士執行完畢所有的交易流程。

「武井先生，今天我們特別跑一趟來見您，一方面是感謝您給我們機會為您服務，同時親自帶一份合約給您，完成我們解決您困難的承諾。」高橋雙手呈遞上去。

武井先生知道我們到訪，換上了一襲正式嚴肅的正絹羽織黑色和服。他雙手接過合約書，高舉齊眉，潸然淚下地低聲呢喃：

「這是我的黑道畢業證書……」

賽狗的哲學

「爸！你看那邊有一隻好帥的狗，身體超流線型的，一定跑得很快，而且長得很聰明的樣子耶！」

小女兒摟著我的脖子大喊，胖胖的手指用力往前面戳著，接著撒嬌地附上我的耳朵說：

「爸爸，我們也來養一隻這種又快又聰明的狗，好不好嗎？」

我敷衍地說好。聽到「又快又聰明的狗」，心裡一陣悲涼，回憶起多年前在東京的一段故事。

「你究竟知不知道每天交易結束後，那些衍生性金融商品的價值落在什麼程度？這些交易都是應每一個客戶的特殊需求設計的。若是簡單明瞭的交易，或許我們可以明確估算出一個合理的市場價。但是關於那些複雜度高、跨國交易或牽扯到多種幣別的交易，你最好能夠有一個獨立的中台團隊①去盯著，並且估算其市場價值。」紐約來的風險控制長嚴正地警告我。

金融衍生商品的市場價值，換句話說，就是在此時此刻，有沒有交易對象願意出個價格，把我們手上已經和客戶完成的交易買走。

好比說，一輛剛剛出廠的新車，價格一目了然，車商可能為了促銷而打個折、送點附件，畢竟弄不出太大的差異。至於二手車的價格，只要沒有發生重大事故，無論什麼年分的車子，且車況在一定合理的程度，市場也都有一個公認的價格。可是，如果是一輛精心改裝的車子，應車主的個人喜好或特殊用途，換了特大排氣量的引擎，加裝為跋山涉水跑沙地的避震懸吊系統，這些加裝的玩意兒所費不貲，若要再出手以二手車賣出，這輛車的所謂「市場價格」就難講了。碰上二手買家剛好也喜歡所有的加裝，價格就好談一點；否則，所有的加裝都得打掉歸零，只依一般同年份的二手車市場價格成交。

「投資銀行所執有的衍生商品的市場估價，就像二手改裝車一樣，起伏很大，變現能力和流動性都存在著極大的不確定性。」風控長是個標準的美國改裝車迷，身材高大壯碩，聲如洪鐘，雖然童山濯濯，可是看得出來年紀不大，是一個熱愛戶外活動的人，臉頰帶著長年日曬的健康古銅膚色。我早就猜到他會用車子來作比喻。

「你所說的，我完全同意。難的是要在東京成立一個有效率的團隊，來執行評估衍生商品的價格，一方面得面對趾高氣揚的前台交易員，另一方面又要轉身督導後台交割記帳人員。負責這個中台功能的人員，既要有流利的英語能力，可以和前台的洋人交易員理直氣壯地討論；又要能用典雅、有教養的日語，與後台清一色的日本員工溝通協調。」我不示弱地點出困難。

「這是你必須去克服的困難。對於你所提到的語言能力不足的問題，我也無能為力。反正半年後，我們一定會派一組稽核人員再來看這個部分，要是仍然沒有一個有效率的市場價值評估團隊，我們會立刻停止在東京的衍生商品交易業務。」風控長不假辭色地強調。

這是最後通牒！

我已經三拖四拖了好幾年，為了成立一個介於前台和後台的中台團隊，一個真正英日雙語的團體，弄得自己焦頭爛額。

花了九牛二虎之力，我從市場上找到幾個一流日本國立、私立大學畢業，也有若干年工作經驗的菁英，好不容易說服他們放棄本身已經有的穩定工作，從日本的大銀行、商社和保險公司挖角過來，成立中台團隊。

「哎呀，你是說納斯達克交易所的公告牌價嗎？我的電腦螢幕上沒有你說的報價耶！哦！哦！非常抱歉，我再查查看。」

①在金融交易中，團隊的工作內容可分為三部分：「前台」負責交易，「中台」擔任風險管理，「後台」則進行交割與會計事務。

「不好意思又來請教你，上星期五你做的那筆英鎊、日幣的利率換匯交易，請問你引用的利率指標是彭博新聞社的，還是我們倫敦分行的報價？哦！哦！你在忙啊？我自己再去向倫敦問問看。非常抱歉！」

這類的線上對話，總是周而復始地在我的耳邊響起。這批日本菁英努力工作，日以繼夜地追蹤前台交易，鍥而不舍地去核對第三方的市場報價。但他們就是沒辦法突破日本固有的行為模式，一遇到傲慢的西方人──那些前台交易員，這批日本菁英就本能地退縮、禮讓。一直以來所受的教育，不鼓勵他們理直氣壯地反駁、質疑，以及去深究原因。

「吳桑，非常感謝您給我這個工作機會。我決定要多花一點時間陪伴家人，這一切都是我個人的問題，和公司沒有任何關係，我必須要辭職了。」這幾乎是找來的日本菁英，不到半年的時間給我的結語。

在日本，一旦提出辭呈，就絕對沒有可能挽留。辭職的人如果出爾反爾，會被人恥笑。原本的中台團隊土崩瓦解了，現在又來了一個最後通牒，我是一籌莫展。

●●●

「早安！聽說那個比較凶悍的日本人伊勢本，今天也是最後一天在中台。他不幹了？」尼爾好奇地問我。

這個金髮碧眼的小老美尼爾是我在紐約的舊識，娶了個華裔老婆，耍了點小手段，弄到一份外派東京的差事。他的數理計量能力很好，在東京負責新的衍生商品開發。

「你怎麼不去搞你的大數據，來這邊跟我閒扯淡？」

我並不討厭尼爾，可是他哪壺不開地來提中台有人辭職，令我惱火。整個東京分行上上下下、前前後後的人，都知道我為了建立一個中台團隊來做市場價格的風險控管，大張旗鼓地招兵買馬，可是卻一敗塗地。

大家都在看一個台灣人到東京當銀行支店長的大笑話。

「沒有一個強而有力的中台，不管我再怎麼努力設計衍生商品，到頭來沒有辦法評估合理的市場價值，前台交易不准做，後台也沒有交割記帳的流程，我這個衍生商品設計師飯碗不就砸了？我老婆超級喜歡待在東京耶！」尼爾老實地招認，眼神和口氣都帶著委屈。

「我已經盡力了！你那些小老美哥兒們的前台狐群狗黨，倨傲不恭的態度，動不動就修理中台的老實日本人。留不住人也不全是我一個人的事。」

我心想，也難怪你會來關心這件事，原來是應驗了「人不為己，天誅地滅」的鐵律。

「我可以幫忙找人。」

「真的？你能找到什麼樣的人？」我不屑一顧地搭腔。

「你需要的是英日雙語能力強的人。之前你招募來的都是日本一流大學出身的菁英，可再怎麼厲害，即便是上智大學這樣全英語授課的高材生，英文聽說讀寫的能力都好，他們仍然沒有辦法擺脫日本教育下的拘謹。」尼爾興奮地說。

「這個現象又不是只有你發現而已。」我澆他一頭冷水。

「我覺得我們應該跳出框框去找人。我認識一些洋人，他們來日本學日語、教英語，也有在純日本商社上班。他們的母語是英文，可是在日本多年混下來，日語也說得流利了。不妨試試找這種洋人。」尼爾殷切地望著我說。

「就是那種混在六本木酒吧，專門把崇洋媚外日本妹子的白人囉！」我不留情面地一語道破。

「我認識的那一票是不是有去六本木混，我不確定。但是他們有好幾個是娶日本老婆，或是有認真交往的日本女朋友。」尼爾很有耐心地解釋。

「因為有日本老婆或是有日本女朋友，所以你的哥兒們都可以練就一身流利的日語哦！」我略帶諷刺開玩笑地回答，但也有點被尼爾說動。「他們都來自哪些國家？」

「澳洲、丹麥、德國、法國和美國。我這幫哥兒們雖然來自各個不同的國家，但是他們的中學、大學都是上全英文教學的學校，所以他們的英語是母語的水準。」

「你說得有點道理。」我表現得平靜安逸，刻意保持莊重的老闆模樣。但我不得不同意尼爾的話。

「那我現在就去打電話給丹卡，他是我想到的第一個應該介紹給你的人選。」

很快地，見面時間就敲定了，我心裡面猜，這個丹卡大概急著換工作，應該是他目前的工作沒有什麼搞頭。對於這種急著換工作的人，我又猶豫跳出框框找人的決定了。

「我的名字是丹卡·尼可斯，初次見面，請多多指教。」

一見面，他一邊遞名片，一邊居然以日語恭敬地做自我介紹，同時上身前傾四十五度地鞠躬，兩眼垂視我的鞋子，十秒鐘後，才緩緩把上身打直，抬起頭。

反而是我手足無措了。眼前活脫脫一個金髮碧眼的小伙子，言行舉止卻是一派日本人僵守儀規的模樣。我意識到丹卡看到我這樣一個黃皮膚的亞洲人，一定把我認定為一個本土歐吉桑，所以用如此這般行禮如儀的日本方式來致意。

我想，一定要在第一時間扭轉他的刻板印象，免得日後有任何後遺症，因此立刻輕鬆地以英語說：「你在幹麼？坐吧！」

這下子換丹卡變得進退失據，坐立兩難了。

「你剛才說的那句『初次見面，請多多指教』，也是我唯一聽得懂的日語。咱們用英語交談，不管你會不會來這裡上班，以後只要見到我，把腰打直和我握手就可以了，大可不必對我欠身四十五度鞠躬。」

「哦！好的，沒有問題。」丹卡瞬間變回正常的白人姿態，落落大方，笑容燦爛。看他淡黃帶紅棕色的頭髮，隨著陽光會轉碧綠的眼珠，以及那高聳的前額、上翹的鼻尖，這個人有張和善可親的臉。

「你怎麼會跑到日本來的?」我一派輕鬆地開啟對話。

「我父親是專門為賽狗場培育賽狗的人,他嘴上不說,但是我知道他希望我可以繼承衣缽。不過,我不想一輩子待在澳洲西部的沙漠邊養狗,所以大學畢業後的第一天,我就買了張單程機票,飛來東京。幸好日本政府歡迎澳洲人來,我取得了落地的工作旅遊簽證。一晃十年,我在這裡落地生根,娶妻但尚未生子。哈哈!」

「從你的履歷資料上看來,你過去十年一直都在新力公司做事,而且所有的部門都去過。」

「澳洲是新力公司的主力市場,他們一直在培養我,希望可以送我回澳洲去獨當一面。」

「那不是很好嗎?你為什麼會有興趣來我們這裡做中台風控的工作?」

「我對金融業務比較有興趣。坦白說,我本人並沒有太高的意願回澳洲,我老婆也比較喜歡留在東京。更重要的是如果回去澳洲,我父親可能又會一再地要求我回去養狗!」

我們兩人相視大笑。

「你是來東京之後,才開始學日語的?」

「是的。我來之後,才從零開始學習日語。」

「你現在的日語能力如何?」

「還可以吧!」

聽丹卡這麼一說,我心涼了一半,不知道他是謙虛還是信心不足。我要找的人是真的需要雙語能力夠強。

「關於衍生性金融商品，你有涉獵嗎？」我想先撇開語言上的問題，探一下金融方面的知識。

「我自己長年以來都有在股市投資，尼爾告訴我，你是台灣出身。我手上有台積電的股票。」丹卡討好地對我說著，咧嘴一笑，露出上下一整排又大又白的牙齒。

我盤算著，一個在東京混了十年的人，放著日本那麼多的股票不理，會去買台積電的股票，這傢伙不簡單，所以學衍生商品和中台風控的伎倆應該難不倒他。

核心問題仍然是他的日語究竟如何。我自己對日語一竅不通，無從判斷丹卡的程度。

「丹卡，很高興認識你，也謝謝你跑一趟來見我。如果你今天不趕時間的話，我想安排我們其他的幾位同事和你見面，大家認識一下。你也可以透過他們，多了解我們公司文化和中台風控的工作內容。」

「沒有問題的，我今天請了全天的假，就希望可以和更多人聊聊。這樣更可以見到多一點人，汲取多一點你們銀行的資訊。」

我叫尼爾上來，交代他該帶丹卡去見哪些人。他們兩人一走，我立刻撥電話給德高望重又老謀深算的人事主管——嘴角永遠下垂以彰顯大丈夫氣魄的櫻原先生。

「櫻原先生，救命呀！」

我把姿態放低，一五一十地把我對丹卡日語程度的疑慮告訴他。對於像櫻原這樣子的日本老員工，一定要給足面子，他才會幫忙。

「不要緊張，我已經安排丹卡坐進我辦公室隔壁的會客室了。你也知道我一直告訴你們，這兩個房間的隔音很差，所以我可以不費吹灰之力就聽到丹卡應答的日語。」

一整個下午，我去忙別的事，也沒有去追蹤丹卡和其他人談話的結果。快要下班時，尼爾探頭探腦地跑來問我：「怎麼樣？丹卡有機會嗎？」

我想，只要櫻原告訴我丹卡的日語可以，他就是個值得一試的人，忙不迭地拿起話筒，當著尼爾的面，以免持聽筒的擴音打給櫻原。這樣一來，如果丹卡的日語被評鑑為不行，我也可以閃在一旁，這可是日本人的判斷。

「怎麼樣？你覺得這個澳洲小子的日語如何？」

「好到嚇死我！我一直以為是兩個日本人在隔壁房間談話，完全聽不出來是外國人在說日語。」

尼爾不等我和櫻原結束通話就站起來，頭也不回地走了。從他的背影和走路姿勢看得出來，他非常得意。

●●●

丹卡很快就來報到了，並且答應以最迅速的方式招兵買馬，重建中台團隊。

半年之後，紐約的稽核訪查評鑑給東京一個甲等。

這個一手由丹卡籌組建立的中台團隊，成員們來自六個不同的國家，真是好漢來自四面八方，幹勁十足。他們與前台的洋人交易員因為語言上沒有隔閡，稱兄道弟的，針對任何複雜的衍生商品結構，都可以用平等、專業的方式來溝通，彼此尊重，關於應該由何種資訊源來截取客觀的估算市場價值，理性地達成了共識。

若前台交易人員想刻意高估市場價值，或試圖掩飾市場流動性不足而導致價值低落，這些固有的伎倆，在丹卡和他的團隊面前都無所遁形。

丹卡的中台團隊在非常短的時間內，就建立了一個完整而健全的網絡。由於沒有英語溝通的障礙，他們可以直截了當地打電話給交易對方，複查、確認交易內容，並且在線上要求對方回覆買回此筆交易的報價。

直白地說，好比一名買家剛剛向二手車商購入一輛特殊改裝的車子，因為改裝的部分昂貴又稀有，所以成交價格並非一般同型車的市場價值。買家的老婆對於老公這樣的紈褲消費行為不滿，但老公一再保證是撿到了便宜，強調以這樣的價格買到這種改裝車，是賺到了！這個老婆最有效的查證方式，就是打電話給賣出的車商，要求車商報一個買回的價格。於是，有三種可能性就會發生：「原價買回」、「加價買回」，或是「削價回收」。對於這種價格的複查，就是中台風控的基本功能。

成軍不到一年，丹卡的中台團隊已經在東京樹立了有口皆碑的聲譽。同業居然以丹卡中台團隊複查、估算的買回價格，作為他們進行其他類似交易的參考價。

這個中台團隊可說是支撐及連接前、後台的一個關鍵環節，有著擎天一柱的形象。

然而，我卻在一片掌聲中，觀察到丹卡有個不太尋常的舉止。

儘管他帶上了這樣一個成功的團隊，但仍然難免會和前台有歧見或爭議，或者在與後台繁瑣的交割、記帳、攤提等細節處理中，遇到瓶頸。但是他從不強出頭，而是耐心協調。他是理直氣和，得理必饒人。

這種我看來溫吞的個性，恐怕會是丹卡日後在金融業發展的一個大罩門。我很希望輕巧地去點化他，但是不知道有什麼適當的時機。

「春天終於來了，我們一起去皇居護城河邊的那家露天餐廳吃東西吧！」這天，我找了一個理由邀請丹卡同行。

經過皇居廣場時，迎面走來一對優雅的日本老夫婦，手上牽了一隻淺灰白的賽犬，雙耳後掠，有著尖細前凸的鼻子、修長敏銳的四肢、緊束的弓腰，和一條強韌內勾的尾巴。

「嗨！你好嗎？」丹卡毫無所懼地蹲跪在地，一把就撫弄起那隻看來略有神經質的賽犬，熱情地抱住牠。老夫婦倒是大方地任由丹卡和他們的賽犬玩耍。

「我還以為你討厭賽狗呢！」坐定點完餐後，我好奇地問，也不由得擔心丹卡摸完狗，好像沒有去洗手，等一下不要碰他拿過的麵包。

「我非常喜歡賽狗，牠們聰明又善體人意，是人類相伴最好的獵犬！」

「那你為什麼不回澳洲去養狗？」我忍不住要糗他一下。

「我不回去，不是因為我不喜歡賽狗。我只是無法接受賽狗的哲學。」

「賽狗有哲學？」我不可置信地問。

「我從小到大都要幫父親一起送我們培育的賽狗，到世界各地的賽狗場。大部分是空運，一趟送十到二十條。到了之後，就要開始把我們送去的新狗，搭配老狗來試跑。一連試跑一個月，每條新狗至少每天要跑上十來趟。」

「驗貨？」我等不及地搶問。

「我們培育出來的賽狗品種都是一流的，不會有什麼問題。」丹卡眼帶哀傷地回答。

「那幹麼要累死狗兒，跑上三百回？」

「賽狗場必須要找出跑得最快和最慢的狗，以三百回這樣的大數據，就可以很精準掌握每一隻狗的腳程、腿的爆發力和持續力。」

「很科學哦！然後呢？」

「他們找出最快和最慢的狗之後，一則是我們帶回家，不然就是當場安樂死！為了賭狗的賠率，這些每次拔得頭籌的狗會令賽狗場穩賠；而每回都敬陪末座的狗，無人問津，賽狗場也賺不到錢。所以他們都不留。但是我們空運回去又不划算，因此，都是眼睜睜地看著自己一手培育養大的狗，被一針一隻地，放倒在地……」丹卡愈講愈小聲，低頭喝了口水舒緩情緒，剛好餐也在這時上來了。

我們各自吃著，為了打破尷尬的沉寂，我保持低頭用餐的姿勢，說：「你所謂的『賽狗哲學』就是不要永遠搶第一，也千萬不要常殿後，混在狗群中間跑，就可以長命百歲，又可以每天伸腿運動有飯吃。」

「你只對了三分之二。」

沒想到丹卡居然認真地回應。

「跑最快和最慢的狗，還可以多活一個月。有的狗，當閘門一開，牠一眼看出引誘狗的電動兔子是假的，這些聰明的狗就逛大街，根本不肯本能反應地衝出去。更聰明的狗甚至會跳過賽道圍欄，直接抄捷徑去攔截兔子，這種聰明的狗不必再試跑，立即拖走安樂死，以免其他的笨狗有樣學樣，賽狗場開不成，會關門歇業。」

剩下的時間，我們閒聊其他的話題，可是我一直在咀嚼「賽狗的哲學」。

走回辦公室的時候，我們並肩走在皇居護城河石板路上，看著碧綠的河水，我對丹卡說：

「不要是最快、最慢、最聰明的狗，才是幸福的狗。」

「幸不幸福我不知道，但是可以活得久一點吧！」

石板路的盡頭，又有人遛狗，丹卡三步併兩步就拋下我，自己一個人趕上前逗狗去了。

望著他的背影，我在想，一個中台團隊主管，對前台不強壓，對後台有耐心，從來不表露自己具有英日雙語的優勢。這個溫吞的丹卡，應該可以長久勝任這份工作。

大隱於銀行的建築師（相識）

——台北

「My name is Monty.」

一個渾厚低沉的嗓音，由我的背後直接穿進後腦勺。

我愣了一下……他是對我說話嗎？幹麼無緣無故地突然來告訴我他的名字？

在窄小的電梯空間裡，由不同樓層一股腦地站進來幾乎要超載的人次，大家都要去吃中飯。依照商業禮儀，我總是請外地來洽公的同事先進電梯，自然而然地，我就會站在他們的前面。

而這位「Monty」是才剛剛特地從紐約總行飛來，協助我進行辦公室裝修規劃的建築師。

今天早上是我倆第一次見面。一早上的會議，我們兩人就整個證券公司辦公室的空間、各個樓層的初步規劃，做了一番討論。

被任命參與這個辦公室樓面設計的案子，我的心情滿矛盾的。

我非常興奮能夠主導設立證券公司的計劃，在台灣現行的法規之下，這是唯一可以執行投資銀行業務的發展。我一心想著數字導向的預算、軟硬體設備的投資報酬率和成本折舊攤提的細節，以及人員訓練與外聘、內調的敏感度，還有主管機關申請許可的文件流程、國內外合資股東的權益平衡等。

至於辦公室的面積規劃、使用效率、消防安全和逃生通道，以及建材的安全與環保，怎麼可能是我的事？不會很重要吧？何需大老遠跑來一個建築師？他沒有金融專業，對台灣的本土文化法規必然生疏，我非常懷疑：這麼一個打紐約來的人可以幫我什麼忙？附加價值到底在哪裡？

正因為這樣的思考模式，所以今天早上與這位建築師交換名片時，我沒有認真地看清楚他名片上的名字究竟是怎麼拼的。我年輕氣盛，一早上的會議中，一直把他叫成「Moody」。Monty應該是忍我很久了。我知道名字被叫錯的感覺非常惱人。他應該是想在我們坐下來吃飯前解釋清楚，但又不願當著其他人面前糾正我的錯誤。於是在電梯這個擁擠空間裡，貼近我的身後向我更正：他的名字叫「Monty」。

我本能的反應是汗顏。

我始終認為自己是不會犯這種錯誤的人，一向有自信，只要讓我瞄一眼名片再聚焦盯住對方，大致就可以把名字和臉孔聯想起來，並且推敲出這個人是什麼人種，由姓氏推測他為什麼會取這樣的名字。我常把這個從辨識、推測到之後了解的過程，當成是一種有趣的遊戲。怎麼會誤把Monty當成Moody？真是差了十萬八千里！

「你怎麼拼『Monty』？」走出電梯時，我故作輕鬆地偏過頭問了一句，以掩飾自己的不安。

他一個字母、一個字母，慢慢地唸了出來。

喧鬧的台北街頭，夾雜在由辦公室傾巢而出、四散覓食的午餐人群裡，愈使人感到燠熱、潮溼。我覺得我有必要彌補對這個建築師的失敬。

「你想吃什麼口味的食物？」以往我都是叫同事去張羅細節，但是當下我決定，今天的午餐就是我一個人和他吃一頓，我要好好來認識他。

「我比較喜歡清淡簡單一點的。」他面無表情地回答。

幾分鐘後，我帶他到一間安靜的台菜館，坐下來看到菜單時，他似乎開心一點了。

這一餐，開啟了我們往後近二十年的交情。

●●●

「我是新加坡人，祖籍廣東。大學去美國念，學建築。畢業之後，剛好這間銀行在招人，要找一個有建築執照的來管理不動產物業。」

Monty話不多，可是句句真誠。

隔著桌子，我仔細端詳了一下他的長相：一雙濃重的烏眉下，有對泛琥珀色澤的眼，配上廣東人特有的深渠眼窩，我猜他的上幾代可能混有馬來西亞血統。鼻頭圓厚，兩頰豐盈飽滿，明顯的鬍根圍繞著一張微翹、習慣緊閉的嘴唇。他說不上帥氣，但整體而言，五官輪廓是鮮明有線條的，顯露出剛毅果決的氣質。

「我們要謹慎挑選一位在地的室內設計師，最好也是工程的監督和協調、組織及調配工班人員的召集人。」Monty說。

我心想：那你大老遠跑來做什麼？這些事我一個在地人也可以搞定。同時不禁擔心起來，我們之間的分工和指揮權限，恐怕是日後的一個隱憂。

其實我心中最大的疑問是：一個新加坡人，去美國弄了張建築師執照，怎麼不到貝聿銘那裡去發展，卻窩在一家銀行裡？

「我們得盡快鎖定三位本土的設計師，請他們安排時間，我們好找機會去看看他們最近完成的案子。」

「那我該以什麼標準去遴選這三位在地的設計師呢？」我沒好氣地反問。

「你去打聽一下，過去三年來，有什麼跨國金融機構在台北設立辦公室，他們的辦公空間設計是由誰負責的，這是最快的方式。」這個指點倒是既輕鬆又明確，我有點服氣。

「你在這行業有一陣子了，打聽一下，應該不成問題吧！」他友善地吹捧我一下，這個善意，把名字叫錯的尷尬化解了。我可以感覺到他不是那麼在意我亂叫他的名字，他只是一個會仔細挑錯，不容絲毫馬虎的人。

飯後在走回公司的路上，我們閒聊著一些無關緊要的事情，可是我的心中仍然不解：為什麼一個建築師，會願意在一家銀行裡混？當然，直接去問他是極不禮貌的，這個謎團大概只有等以後再來拆解了。

三位可能合適、又有跨國金融機構服務經驗的設計師，很快就找到了，而且聯繫得很順利，每一位都迫不及待，想立刻安排我們去參觀他們自認為最具代表性的作品。

Monty在台北的時間有限，又是第一次來到這裡，我們立刻把往後幾天的行程排得滴水不漏，三名設計師、各看三個案子，總共要跑九個地方。

這也是我的初體驗，我既興奮又好奇，急著想看看這個來自紐約的建築師要用什麼標準來遴選。

這可是一個千載難逢的機會。我開始把之前設立證券公司以數字導向、財務金融為首的重心完全拋開，要專心來觀察Monty是怎麼做的。

「你可以先注意一下，為什麼他們把出入的大門放在整棟大樓進來的右手邊。這樣的規劃，是否與原來的大樓設計有衝突？」

這是我們第一天去參觀的頭一個案例。

原本我一心要闖進電梯，上樓去看室內空間的設計，壓根兒沒注意到這棟建築物的大門並非設計在正中間。Monty看出了我的疑惑，自顧自地微笑著輕聲說，大概又是風水的考量。

「在介紹這層樓面的規劃、設計理念之前，能否請教一下：為什麼這棟大樓的大門是偏右側，而不是開在正中間？有什麼特殊意義嗎？」Monty不等對方開始介紹室內設計理念，而是先問了這個問題。

「奇怪耶……你不說，我還從沒有注意到大門是偏右的！」第一位設計師有點錯愕地回答。

接下來的細節我記不大清了。印象裡，Monty並沒有再多問其他的事，他禮貌而客氣地感謝對方安排我們參觀此處的設計，接著託詞因時間有限，另外兩個案例，等下次他再度來台北時去看看。

「為什麼不接著去參觀另外兩個地方？」一離開那裡，我便納悶地追問。

「如果一名設計師連大樓主體結構和正門的設計都不注意，那我們應該不需要花太多時間在他身上。」Monty不慍不火地回應，然後很客氣地問，能不能將第二位設計師的作品參觀時間提前。

最後決定的人選Alen，是一開始在三人之中顯得最弱的一個。他的公司小，又是馬來西亞籍，過去三年搶到的案子跟另外兩位比起來，差了一大截。

「你是有意要照顧東南亞的設計師哦？」我調侃地說上一句。

「你可以這麼講，我不反對。我們挑選的這傢伙，可以節省你很多時間和精神。」

「為什麼？」

「這次要裝修六個樓層，必須做到我們銀行在全球設立的水準。台灣的工人素質、施工品質，以及工程進度的所有相關配合細節，你不可能自己一個人來做，你需要一個在馬來西亞受英文教育、到英國拿到建築師執照的人來幫忙。Alen的英文聽、說、讀、寫的能力可以獨當一面，這樣你才能夠去做其他更重要的規劃。我遠在地球的另一端，又有時差，在我鞭長莫及的現實生活中，這個馬來西亞華人是你、我最好的選擇。」

Monty接著說：

「Alen在台北市名氣不大，氣焰沒那麼高，我們可以駕馭他。我們要的是一個效率高、成本低的辦公室，可是大多數的包商會以為我們是肥羊，來亂報價。大牌的設計師會太堅持自己的主見，到頭來，我們會浪費很多時間去吵架，不划算的。」

乘著Monty人還在台北的時候，我們在一個星期內就把設計、施工的合約全都簽妥了，接著他便匆匆離開，趕去土耳其，處理那邊的另外一個案子。

再見到Monty是半年後的事，辦公室裝修如火如荼進行著，Alen和他的兩名助手，加上他們長期合作的工班人員，倒是老老實實地照著工程設計的順序備料，並申請所有必要的執照。在這半年間，我只需要花時間，參與各樓層每一個員工的工作空間、部門的位置分配。

當然，最頭疼的是私人空間與個人辦公室的位置。該如何擺平每個人自認為一定要ＶＩＰ的尊重和禮遇？我被前後左右、上上下下的各方意見和關說，鬧得頭皮發麻，不知所措。

就在此時，Monty再度出現，猶如黑暗荒野中忽然出現的一盞明燈！我料想，他一定能幫我擋掉許多麻煩。

「昨晚睡得如何？長途跋涉從紐約飛到台北，應該很累了。」我一早便衝去他下榻的飯店，和他一起吃早餐。

「沒什麼，我習慣這樣的長途飛行了，早上已經去跑步運動加上游泳，精神百倍。等我們吃完，就開始討論這個星期我在這裡，能幫你做些什麼事。」

我啞口無言，他比我大了十多歲，竟然已經充分利用早上運動過，還說能幫我做什麼事！這可是我頭一次聽總行來的人說他是來幫助我，而不是來督導、來查核或來糾正我。

關於硬體工程方面的進度、施工過程和預算的監督、建材調整，以及各個單項下包商進場的協調作業，Alen的團隊倒果真如Monty所預期的，非常有紀律。Alen每天製作一份當日進度表和次日預定表，載明所有的工作項目。他的確能以流暢的英語把所有該報告的事項——包括硬體建設的問題和解決方案——鉅細靡遺地記錄下來，並且即時與我們做簡潔的溝通。這樣一來，我也真如Monty半年前預測的，完全不用花時間去操心硬體建設。

這個人選的決定，令我佩服Monty的經驗老到，和他保護我的善良。這種待人的方式，無論在跨國或本土的任何機構都是稀有的。

「在硬體建設部分，我是外行，反正單單看Alen的日報表和你給他的回應及指示，我大可高枕無憂了。」我非常愉快地用這句話來作為我們早餐的開場白。

一般而言，我不大願意承認自己是外行，即便是不太清楚狀況，我也會硬要擠出一點意見、提出一些建議和看法，來表達自己的分量。然而說也奇怪，面對Monty這個才第二次見面的人，我竟然不自覺地坦白告訴他心底話。

「你真的不必擔心硬體的工程部分，我會幫你盯著。可是若有任何你應該知道的事情，我一定會提醒你，你有其他更重要的事情去忙。」Monty真誠地回應。

剎那之間，我觀察到的是一個有著西方的活力，但是兼具東方良善特質的人。

「可是我完全沒有預期到『軟體』部分，不知該如何擺平每一個人。人哪，真是太難搞了！每個人都覺得自己委屈了，分配到的面積不夠、方位不好、自然光不足、太靠近廁所、離茶水間太遠……還有人問：『為什麼別的部門可以到高樓層享受，而我的辦公室好像小多了？』」我忍不住把過去幾個月收到的抱怨，一股腦地吐出來。

Monty抿嘴微笑說：「你所經歷的一切都不足為奇。我可以跟你保證，別的國家，尤其是在紐約市，這種自我感覺良好、自我感覺重要的人，遠遠超過你在台北的同事。歡迎來到這個真實的人性世界！」

「你都怎麼處理呢？」我揚揚眉，沒好氣地問，心想我要的是解決方案，不是比較方案。但另一個直覺反應是：他畢竟是建築師，又不是做心理諮商的，終究沒有最終拍板定案的權力來說服所有的人，平息所有的埋怨。

「我們等一下把平面圖拿出來，一起來看看如何調整，一定可以找出解決辦法。這種觀察、調整的過程是非常必要的，也會重複許多次。但是，最關鍵的是你！你一定要協助我分析每一個有意見的人，包括他的業務範圍、利潤貢獻度，以及對於其他人的影響力，當然最重要的是你怎麼評估、衡量這個人。你是最終的決策者。我會在你背後頂著你，幫你取得紐約總部一切必要的支援。」

我極少聽到這樣子明確又榮辱共存的話語！

「這是你一個建築師該做的嗎？我以為人的問題是管理階層的事，而你是負責設計和工程硬體的建設。難道你也要參與人的部分？」

「建築物是蓋給人使用的。一件成功的設計，是能讓使用的人們，可以開心地在實用、安全的空間裡生活、工作。若達不到這個目的，就是一個失敗的建築師。我當然是關懷人的建築師。」

我又非常想問：你為什麼會窩在一家銀行裡，而不去建築師事務所？但我忍住了，因為我真的不知道怎麼啟齒，怕冒犯了他。

回到辦公室，我們攤開平面圖，一層一層、一區一區看，每一個有出聲表示意見的人，我們倆就逐一地討論對策。在這個過程中，我更進一步窺探到Monty的深層內涵，以及他多麼尊重每個空間使用者的需求。

「這位副總是本地合資大股東的兒子，之前有相當豐富的外商資歷，他自認為是下一位升任總經理的人選，市場上人面廣，跟主管機關打交道也非常有手腕。他認為給他的辦公室面積太小了。」

「既然他在外商幹過，應該知道我們有個全球的準則，每一間辦公室都有一定的標準。為什麼他還會要求大一點？」

「是呀！人離開一個跨國企業，到了本土，就似乎只想要拿到高人一等的特權。我也不明白是什麼心態。」

「他對家具有什麼特殊的要求嗎？」Monty突然岔開話題，問起家具。

我納悶他幹麼搶先那麼多步，一下子跳到去關心家具。「他倒是沒提到什麼關於家具的特殊要求，大概時候未到吧！」我狐疑地回了一句。

「OK，我們給他承諾，讓他可以選用自己喜好的桌椅。當然，仍然要和整體銀行的選樣有一致性，但是我們一定可以給他最大彈性。即使價格上比較貴，我們也可以努力調整預算來配合他。相對地，他要接受這個已經訂定好的全球個人辦公室標準，並且要以身作則去勸其他的同事。他要擔任我們的『親善大使』。」

我心想：好個高招！反正辦公室裡的家具變不出太多花樣，但這位自視甚高的副總一定會覺得受到特殊禮遇，更何況還被我們推舉為親善大使。

Monty和我立刻快步走到那位副總現在的辦公室，不到十分鐘，我們就又回到平面圖來解決下一個難題了。瞄一下玻璃牆上的倒影，兩人都有一張咧開大笑的嘴巴。

我從Monty身上學到了一個新鮮的技巧：原則不可破，但是方法可以變。辦公室的大小原則是全球統一的，不過，辦公室裡的家具卻可以因地制宜，因人而異，以些許的讓步換來盟友。

「這傢伙操盤精準，但是滿身怪癖，怕吵，怕陌生人站在他背後，怕天花板會掉下來打破他的頭……除此之外，他痛恨開放式空間。他堅持要有自己的操盤室，完全獨立的私有空間。」

「他一年可以幫銀行賺多少錢？」

「他是明星操盤手，平均一年可以貢獻整間分行營收大約兩成五。」

「他這樣子的手風，順了幾年？以你的預測，他的手風能夠一直順下去嗎？」

「這可說不準。今天的明星操盤手，可能是明天的落水狗。有人一旦手風差了，信心就永遠找不回來，這是做交易員和操盤手最常發生的夢魘。」

Monty靜靜思考了一下，眼光聚焦在交易室後方那片巨大的電子報價牆上，然後用手邊的尺去丈量，換算實際的空間。我大概猜得出來，他是在想辦法把電子報價牆後預留的維護工作空間加大。但是，加寬這個工作維修空間，就能解決我們面臨的問題嗎？我很懷疑。

「喂，Alen，交易室電子牆後端的空調和散熱風扇有可能再加強嗎？如果我們隔出一個獨立的小房間，但是留下彈性，日後可以拆除，騰出為電子報價系統進行維護時的工作轉圜空間，這樣可行嗎？」Monty撥通了Alen的手機，兩人在線上討論著我不太懂的細節。

掛斷電話後，Monty聳聳肩，右手給了我一個「ＯＫ」的手勢，說：「我們就給他一間獨立的小操盤室，空調迴風會符合規定。而且一旦他的手風背了，還可以把這個獨立空間再換裝，歸併回電子報價系統主機所需要的維護工作空間。」

又下了一城。就這樣，在一個早上之內，他幫我解決掉兩個自恃為超級巨星、又自我感覺良好的意見領袖。

接下來的幾天，我貼身觀察Monty是如何一項、一項地耐心了解問題所在，以及提出異議者的背景和出發點，然後找出解決方案。

在那些複雜繁瑣的溝通背後，其實都回歸到對人性的透視。不管從什麼角度去觀察對設計平面圖有異議的人，他們看待自己分配到的空間和方位不甚滿意，萬流歸宗，都是因為個性偏差，而展現出人性的扭曲。

對於扭曲的人性，Monty似乎並不厭惡或憎恨，他反而極力去了解，盡最大的努力去包容。平面圖的紛爭搞定後，Monty又得匆匆離去，趕往歐洲。臨走之前，他丟下這些話：

「不要太緊張，船到橋頭自然直。我會安排時間，盡量快一點再來。在這段期間，我們隨時保持聯絡，如果你遇到什麼緊急狀況就通知我，我會立刻趕來。哦！下趟來的時候，我會想辦法也邀請我的頂頭上司一起來看看。」

除了感受到他的真誠之外，我也覺得自己應該多扛一點，不能老是靠他來治疑難雜症。冷不防地，Monty突然用生硬的新加坡華語丟出另外一句：「廚房有人好吃飯，朝中有人好作官。」

空間平面圖的紛擾擺平之後，工程進度在Alen和Monty的雙線密切聯繫下，進行得十分順利。我的時間和精神真的只需要放在其他的籌設細節上。

就在工程將近收尾的階段，Monty如約安排總行的二把手和他一起來台灣。當然，在一個亞洲的新興市場，決定出資設立以證券業務為主的投資銀行，紐約的大頭們一定存著某種程度的戒慎恐懼。本地的條文法令規章、人情風俗與市場運作等等，都難以一成不變地套用同一種成熟的紐約模式。

「查理，這是我的台灣夥伴。你今天看到的是往後我們在台灣的一個平台，在這個平台上，我們將開展投銀業務。在業務面，他是專家，我只是幫他把辦公室的硬體平台架設起來。沒有他，我們玩不動。」Monty以一種輕鬆詼諧的口吻，把我介紹給他力邀來台的重量級人物查理——那位「朝中人」。

我受寵若驚，Monty居然把過去近一年的努力成果都歸功於我，把自己說成是一個幫我打下手的人。

接下來的一整天，我們安排查理巡視即將完工的新辦公室，鉅細靡遺地介紹每一個樓層的設計使用效率和業務發展潛力。

「那些曾經有意見的人，務必安排明天和查理吃頓午飯。」Monty提醒我。

查理是個精明幹練的紐約客，犀利的眼神配上高挺的鷹勾鼻。Monty跟著他有許多年了。

乘簡報空檔，我小聲地問：「查理到底是怎麼樣的一個人？」

「哈！他每天開保時捷上班，堅持住在很遠、很荒煙蔓草的山區，養了條傻笨的德國狼犬。老單身，但不是gay。」Monty不假思索便連珠炮似地脫口而出說，接著又快快地補上：「哦！還有，他是個電話不離口、電腦不離手的人。他有嚴重的電子郵件依賴症，若收不到電子郵件，就活不下去。他是黑莓機的奴隸！」

好，我大概知道該怎麼跟查理應對了。Monty三言兩語就貼切地描述出他老大的個性，毫無保留：查理是個講究效率、追求速度的二十四小時工作狂，並且自視甚高、實事求是，無法容忍模稜兩可的事和馬馬虎虎的人。

有Monty在我的背後義氣相挺，雖然查理只有四十八小時的時間旋風來台，卻對於這趟台灣行十分滿意。他在臨走前，單獨找我說話。

「台灣是我們第一個投下重大資本，花錢裝修六層樓面投銀平台的亞洲國家。我相信你一定可以很快把我們的投資賺回來。我在紐約的同事，有很多人耐心不足，會急躁，嫌你進度太慢。我保證這種論調會被我澄清、壓制住。但是，你一定不可以賠錢或是觸犯本地的規範，而受處罰、申誡。這些問題我是無能為力。」

我心知肚明，當查理來找我談話的時候，Monty刻意迴避，充分尊重查理與我的私人空間和對話內容。

人哪，一旦自作聰明，就會招來大麻煩！一個「東施效顰」的案例就在我身上活生生地上演了。

自從上次Monty使出圓潤的手腕，放寬家具選項而化解了辦公室大小之爭後，我牢記在心，一心覺得這個伎倆我也可耍一下。果不其然，就在工程收尾階段，家具準備進場之際，一位市場上輩分很重，受本地的合資股東推舉為我們合資證券公司董事長的老先生，和我約了個時間餐敘。我對這位董事長當然是恭敬有加，但是堅守的底線是，所有業務仍然要以紐約的政策為依歸。

「哎呀！我年紀這麼大了，你們還要我來當董事長，真是太客氣了！」

這樣的話我聽了也不覺奇怪，這是本地人一貫的態度，無論年齡，只要是董事長級的人物，絕大多數都是以退為進，明白表示自己毫無意願。宋朝「黃袍加身」的歷史故事，一再被人拿來當作現代版的謙和低調模式。

「我其他地方的事情也很多，恐怕不會常常來你們這裡，你們還特別留個辦公室給我，真是太客氣了。」

對這種話術，我習以為常了，也就套用一如往常的公式回應：「這是應該的，希望您老務必常常來辦公室，給我們指導。」

「不過，既然你們那麼堅持又有誠意，我也只好先謝謝你了。」

在這段開場必經的客套之後，我們閒扯了一下其他無關緊要的話題，接著，老先生開口了。「你年輕有為，在國外工作多年，對『風水』這種事情，恐怕不會太在意吧？」

我心裡一驚——風水？Monty看待東方人的風水觀，似乎並不像一般的建築師那麼嗤之以鼻，我當然也不能顯露對風水的排斥。但就在這時，我也立刻警覺到一旦扯入風水，就是平面圖更改的前奏！我得小心以對。

「其實我也沒有那麼在乎啦！可是前幾天，他們把你們安排給我的辦公室方位拿去，給我一個好朋友看一下，我事前也不知道啦。我那個朋友以前幫過我很多地方，公司、家裡都有看過，他還滿準的哦！」

我心知肚明，老先生口中的朋友就是他的風水大師。

「不好意思哦！你們規劃給我的辦公室方位，我的朋友有建議一點小小的調整，這樣才符合我的命盤。」老先生呵呵大笑之際，已經把他的「朋友」所劃記塗改過的平面設計圖，冷冷地放在我面前。

好一個兩面手法，談笑之間，他已經有備而來，連更改的圖都準備好了。薑是老的辣！直到這個節骨眼，我才知道自己是來赴一場鴻門宴。

定睛看他所出示的更改圖，何止是小小的調整，根本是翻天覆地的改變！工程收尾在即，我怎麼可能接受這樣子的要求?!

我腦袋裡在想，現在回去找Monty也遠水救不了近火，我應該自己來解決這個棘手的問題。記得Monty曾利用家具的彈性調整，來換取空間設計的完整性。

這就是我東施效顰的開始。

「我的辦公室方位要朝南，而且辦公區和會客區一定要隔離，不可以合併。最好另外加上一個會議空間，這樣三個功能都可以整合在一起。我也有一些價值不菲的藝術收藏品可以展示，我自己的東西拿來公司撐場面，哈哈，連保險都自己出啦！我這個人就是阿莎力！」老先生伸出粗短肥厚的中指，毫不客氣地在平面圖上仔細點描他的「朋友」建議修改的部分。指頭上嵌的那只出奇壯碩的翠玉戒指，在我眼前晃啊晃的。

我知道他要求的，幾乎比原來設計的面積多了三倍，這是個不可能滿足的要求！在工程只剩不到一個月就要收尾的時候，這種要求加大空間的想法，真是不切實際到頂了。

「董事長，真是太感謝您對我們的愛護。您有那麼多事業要照顧，仍然幫我們跨刀出任董事長，我們真是不知道該怎樣回報您。我早就仰慕您的收藏，雖然沒有機會親自參觀，但聽別人說，您的東西是超越故宮的等級。」我先灌迷湯，看看他怎麼反應。

「說到收藏，我是呆子啦！朋友有東西拿來看，我喜歡就收，價錢也不太計較，一切隨緣。」又是一種陳腔濫調的話術。

「董事長，我可不可以提一個不成熟又外行的建議？」

「你說。」他的臉如鐵達尼號一樣，暗沉無情地往下掉。

「我在想，既然我們是打頭陣來台灣開創投資銀行業務的合資證券公司，或許我們應該把您的辦公室設計成一個古色古香，以東方藝術為主的空間，一方面彰顯投資銀行著重藝術的特色，再加上可以配合您的收藏擺示。」

他沒有立刻接腔，頭偏一邊，眼睛上飄，抿嘴問道：「不改原來的設計？」

我意識到他堅持的立場，因為輩分不同，我必須要再柔軟一點。

「董事長，您的辦公室實在不應該採用我們其他樓層的家具。以您的輩分來跨刀，個人珍藏無私地陳列在您的辦公室裡，那麼關於辦公家具，自然也應該完全由您自己來規劃，以符合您的收藏品味。相信當您接見訪客時，一定可以彰顯出超越一般金融同業的品味。」

「你是說我可以自己去挑家具？」他狐疑地問：「啊現在的設計都不改就對了？」

他的精明混同鄉土語言，強勁力道不減。

「董事長，我個人覺得與其加大會客和會議空間，不如大幅提高家具素質來搭配您的典雅珍藏，這樣才有特色和尊榮感。我們現在已經規劃好的辦公室桌椅，都是比較偏年輕族群的設計概念，注重上班的實用性，但您的空間應該要與眾不同，這樣一來，我們可以有一種截然不同的風格。」

「我自己去找我喜歡的古典家具，來配合我免錢擺出來的藝術收藏品，是哦？」他似乎動搖了，接著又一刀切入，更深一層地追問：「是古典家具還是古董家具？」

「看董事長您的喜好來決定吧！」我回答——這就是我東施效顰，犯下嚴重錯誤的第一個關鍵！

我依樣畫葫蘆地學Monty那樣做，一心想以家具選擇的彈性換取空問設計的完整性。然而，「古典」家具和「古董」家具的價格是天差地遠，我完全沒有警覺到這一點。

「哎喲！少年人，你這樣的建議聽起來也很有趣味哦！古董家具配合我的收藏，弄個典雅的辦公室，和我的年齡也滿合適的了。」他再次強調「古董」家具，而我沒有當下澄清是「古典」，不是「古董」。

我將為這個「典」、「董」兩字之差，付出慘痛的代價。

「這樣也好，就照你說的吧！我去找幾個朋友商量一下，看看有沒有合適的古董家具。我不會亂花錢的，新創公司，大家都要節省才是。」

既然老先生都表達不會亂花錢，要節省了，因此臨到嘴邊的「預算」二字，我又硬吞回去了。這是我犯下的第二個錯誤！

兩個星期之後，一次例行性的合資股東常會剛結束，向來開明、和善又有許多涉外事務經驗的一位台灣股東把我攔下，找我借一步說話。

他開口便笑咪咪地說：「你答應董事長去挑選幾樣古董家具哦？真是貼心呀！他很開心，好像已經都談好價格，準備裝船運回來了。」

我大吃一驚！什麼裝船運送？我完全不曉得董事長老先生去國外挑選家具的事。

「敢問老先生是去哪裡買的？」

「哦，我們是同一個扶輪社的，上星期大家一起去香港玩，剛好我們同行社員在香港有認識的古董家具商。大夥兒陪老先生去挑選。運氣真好，老先生辦公室裡需要的東西，現場剛好都有耶！桌子、茶几、花架、矮凳，還有一對南官帽椅，和一張純絲的手工天津地毯。整組算下來打對折就給董事長了，免運費呢！」

「攏總多少？」我的聲音已經顫抖，火冒三丈。

「我不記得了，可是全部都是黃花梨木的材質，那種價格算起來，不會貴啦！董事長一直說你主張要典雅高貴的氣質，來搭配跨國投銀的品味。」

完了！那麼多件黃花梨的家具由香港買回台灣，我哪來的預算消化這批古董家具？

我知道闖大禍了，董事長老先生一定會氣定神閒地一口咬定是我提議、我鼓勵他的，他是犧牲了自己的空間要求，來配合我們的跨國投銀品味。

我得立刻找Monty商量一下。

「Amy，不好意思，這麼晚還打電話吵Monty。我有點急事，必須和他談一下。」

我不識相地在紐約當地時間晚上十一點時，打去Monty家。這是非常不禮貌的行為，下班時間還去打擾他的私人生活。所幸Monty在一開始投入台灣的投銀方案時，就大方地把他家裡的電話給我，以備不時之需。

「他今晚去當跆拳道的志工教練，所以沒有關係。他一回來，我就叫他打去台灣給你。」

「跆拳道的志工教練？」

「恐怕你不曉得，Monty也不太讓人知道。他本身是黑帶教練，過去幾十年，他一直在當志工，教導紐約市的問題青少年學跆拳道，藉此引導這些誤入歧途的孩子疏散過多的精力，在搏擊中學習東方武術精神，當然，也是一種強身健體的運動。」

難怪，我之前就注意到了，Monty的體格壯碩，協調性敏捷，尤其是那雙琥珀色澤的雙眼，沉靜中透露剛毅、堅強與奮戰不懈的神色。原來真人不露相，是個黑帶教練級的人物。

Monty在深夜回到家後，回電給我。

「好，我現在了解情況了，我需要時間思考一下怎麼處理這個問題。你盡量去弄清楚老先生究竟花了多少錢。我趕明天上午的飛機到台北去。」他話才說完，不等我回應就掛了電話。

我知道他非常失望，在收尾階段捅出這麼大的婁子！超出預算已經是麻煩事了，而且還是去香港買黃花梨古董家具，這樣子的預算失控，是要人頭落地來謝罪的。

Monty真的是跳上了最早訂得到的班機，在二十四小時內便衝到了台北。我知道他是來救我的命。

「拿到帳單了嗎？」他一坐下來就平靜地問我。

我立刻把費了九牛二虎之力，才終於從老先生的祕書那裡弄來的影本攤在桌上——總金額是五百萬，港幣！

我不敢正視他的眼神，低頭盯著電腦。我也是昨晚才看到這個龐大的金額，我已經一整夜沒睡了。

「有沒有照片？」

「他們沒有提到是否有照片。」

Monty站起來走到落地窗前，嘴咬著他的老花眼鏡，思索了好久。「帳單上有香港的聯絡電話吧？我們現在打電話過去和古董商扯一下。」

我心想貨都出了，船已在海上了，去向香港古董商要求退貨，哪有可能？同時也在擔心老先生若發現我們未經他的同意去退貨，合資的證券公司尚未開張，我就已經把董事長給得罪了。

「你早上吃茶沒？生意興隆之外，養身養茶的功夫不能省哦！」

我還未回過神來，Monty已經逕自循著帳單上的電話號碼撥通香港那端，與那個古董商用廣東話攀談起來，套交情了。

「大佬，這批好東西割愛給我們真是太便宜了。」

雖然我不懂廣東話，但是這個「太便宜」的話可是聽得我椎心刺骨。怎麼了？他不去退貨，不去殺價，反而說太便宜了。難不成他要我的人頭被砍兩次不成！

Monty與話筒那端持續使出快如珠炮的廣東話在打交道，我既然聽不懂，呆坐在一旁也不是辦法，不如讓他有被尊重隱私的感覺。我悄悄走出了那間我們常用的會議室，心想自己要為東施效顰的愚蠢付出代價。當然也在想我怎麼看走眼了，Monty一頭熱地來亞洲，居然是嫌古董家具太便宜！

我決定去戶外踱步，因為我真的是一頭霧水，需要新鮮空氣。可是到了街道上，由於台北的摩托車對空氣品質的貢獻度，不到半個鐘頭，我就又悻悻然回去那間小小的會議室。

Monty為自己沏了杯茶，低頭在審視繁冗複雜的預算費用表。

到了工程收尾階段，為了靈活地調整尾款，東補西、上貼下，把該花、該省的錢彈性地運用、移挪，這樣做最實際。

「事情應該解決了。下一步，得靠你自己去找財務會計部門，可能還要跟財稅主管機關溝通一下。」Monty若無其事地對我說，語氣不慍不火，就好像剛剛處理完一件很稀鬆平常的小事。

「是五百萬港幣的透支，超預算啊！」我完全沒辦法同意或想像這個數目可以溝通解決。

Monty抬起頭來，背靠實椅背，示意我坐下。

「我知道你很不安，我也了解你當初的出發點是好的。這是標準的出發點良善，但是判斷錯誤。你想阻止老先生在最後收尾階段大幅修改平面設計，這是你的良善出發點，想要為銀行省錢，替我這個建築師省事。我非常感謝你。至於縱容老先生去自己挑選、購買家具，既沒有設定預算，又沒有界定『古典』和『古董』家具的區別，這是判斷錯誤。」

聽他說到這裡，我心想：是呀！我得為這個糟糕的判斷付出代價了。可是我賠不起五百萬台幣，更何況那老先生是花掉五百萬港幣！

我兩腿打直伸出平靠在地毯上，低頭看著剛才出去街上沾滿塵土的鞋子，自言自語地說：「Monty，這筆透支的金額，恐怕就算你一個總行來的建築師批准了、你老闆查理沒有意見，我們這裡的會計事務所和主管機關也不會輕易放過。」

「我已經說服了香港的古董商，請他找專家和學者，至少三人，出具一份完整的鑑價報告書，針對每一件古董家具，按照博物館的標準，鉅細靡遺地敘述並列舉這批古董家具是博物館級的收藏品。當然，估價遠遠超過我們的買價。再依照這份報告，你提交給董事會通過，以『藝術收藏投資』的方式，把這批古董家具納入公司的資產。接著依據古董家具收藏的記帳方式，明列為藝術收藏品，而非一般攤提折舊的辦公室桌椅。這樣一來預算透支的問題就不存在了。」

我沒有想到一個建築師居然有這麼豐富的會計知識。難道是在銀行待久了，耳濡目染，沾上銅臭？在感激Monty幫我找到方法解套之際，不免又油然心生一點犬儒的負面心態。

「你是怎麼想到這一招的？合法嗎？還是你在別的國家遇過類似的案例？」

「沒有，這是我第一次碰到。在搭機飛來台北的一路上，我思考了很久。我知道你很努力，我是新加坡華人，所以我也明白在一位輩分高的老先生面前，我們有教養的人有一定的行為舉止。你已經盡力而為了，我也要幫你解決這個問題。這項透支是我們兩人共同承擔的責任。我可以搞定香港古董商，剩下如何說服台灣這邊的相關單位，你比我在行，要靠你去擺平。我們是同一條船的人，但是我們兩人在這項天大的透支之中，並沒有得到任何不法的利益。」

沒錯，我們倆是同舟共濟。由Monty的真誠和對我萬般呵護，我深切感受到了。

古董家具運到了，進場擺放妥當，所有工程亦如期收尾。Monty沒有來參加新辦公大樓的啟用儀式，他說不要浪費一趟跨太平洋的旅費。

鑼鼓喧天的開幕式中，董事長老先生卯足全力弄得冠蓋雲集，賀客盈門，參觀他辦公室裡的古董家具則是壓軸行程。

「好像不是真的黃花梨耶！愈看愈不對勁！」

「反正是外商當冤大頭，你幹麼操心啦！」來訪的貴賓中，顯然有識貨的古董家具行家。

我脫離人潮，快步離開董事長辦公室。往後的幾年，我再沒有踏進去，也不怎麼想進去那個空間。

不過，每次走過董事長辦公室的前廊，隔著落地雕花透光玻璃窗，望著那靜靜的一屋子黃花梨古董家具，我就想，不知道此時此刻，Monty正在忙什麼。

大隱於銀行的建築師（重逢與永別）
——紐約．東京

合資的投資銀行風風火火地在台灣忙碌了三年，當年所有的硬體樓層設計也在台灣樹立了標竿示範。而那時在整個忙亂過程中，全靠紐約總行的建築師Monty居中協調，給了我許多幫助。

後來，Monty始終沒空再抽時間來台北。反而是我得到一個千載難逢的機會，獲調到紐約總行去。

「哈哈！我沒有看走眼，一直覺得你有機會來紐約。」Monty神情愉悅地看著我說。我們重逢的開場白是熱絡又誠懇。

多年不見，Monty沒什麼變，只是前額的髮線退後了一些。他告訴我，他每天早晚跑步，還養了條純種秋田犬伴跑，開的車子是他終生沒有換過的品牌——他的第三輛英國捷豹。

紐約的步調緊湊，業務繁雜，人種和文化都很多樣。我很想多找Monty聊，但不是我出差，就是他出遠門處理世界各地的不動產物業。畢竟這麼大的一家跨國企業，只有他一個建築師。我們難得可以約一頓午餐。

雖然我們有近三年沒什麼聯絡了，但感覺起來一點都不陌生，仍是無話不談。每次他都提醒我：「小老弟，別再扯了，你快點回去工作吧！我是建築師，我的工作是輔助你這種為銀行利潤負責的人。我可以混，但你和我混就麻煩了。」

他仍然處處為我著想。

「你認識Monty呀？」一天在午餐時間，同組的猶太人肯尼瞄到我和Monty一起去吃壽司。

「怎麼啦？你也和他熟嗎？」

「不熟，一點都不熟。可是有一次在一個會議上討論亞洲的某個案子，我忘記是哪個地點了，紐約的一干人認為我們花太多錢投資在那個鬼地方，而且認為所有的事情都是靠紐約和香港在支援，當地的人全是廢物，無能又腦殘。結果這位Monty老兄一個人力戰群雄，反唇相譏說，他認為偏見和誤解，是導致跨國企業無法在亞太地區生根、茁壯的最大阻力。」

「什麼地方？多久以前的事？」我漫不經心地搭腔，因為肯尼有個出了名的綽號叫「謠言販子」，他是包打聽，天上、地下所有的事情他都一清二楚，個人意見非常多。

「大概三年前吧！」

我心頭驚了一下，難不成就是台灣的案子？

「Monty發言之後，發生了什麼事？結果呢？」

「好像是他一直在執行委員會議中提醒大家，亞洲的人員應該要有機會輪調到紐約來工作，這樣才能培養人才。而且，他一直堅持那個在亞洲設立的投資銀行，其中有個小傢伙出力最多，是非常關鍵性的角色。」

我明白了，原來我有機會來紐約工作，確實是朝中有人在使力，但也曉得若直接去問Monty，他一定會否認。

我仍然努力找機會和他吃飯，向他討教許多紐約的民情風俗及特殊用語。

日子飛逝，又是三年過去了。

一天，我的頂頭上司叫我去他的辦公室，沒等我坐定，他就開口說：「我們東京的情況很糟，我想叫你去看看，該砍、該換的人和業務調整，你去探個究竟。」

「我到這裡才三年，一切還很新鮮，客戶也才剛混熟，有沒有可能找別人？我想要多留一陣子。」

「你不是會看漢字？你也愛吃壽司，我常常看到你在後巷的伊勢壽司吧檯前大吃大喝。我沒有別的人了，你先去幫我把陣腳穩住。」

我知道這個老闆是一旦做了決定，就不會改變的。也罷，去找Monty商量一下。

「我才來三年，剛剛上手，同事的磨合、客戶的信任與市場的動態，才正要進入高速運轉的階段，我正準備好好衝刺一番，卻在這個時間點把我送去東京，實在不是很恰當。」

「你有這樣的心情和想法很正常，也很正確，會有這樣身不由己的感覺是自然的。但是，也要從你老闆的立場來看這個決定。他們當初調你來紐約，無非就是希望給你一個機會來親身體驗總行的運作模式，和多建立在這個地方的人脈。而終極目標則是，要再把你這樣的亞洲人，派回去太平洋的那一端。」

Monty喝了一口咖啡，繼續慢條斯理地分析給我聽。

「日本是個高度開發的市場，卻有著極端堅實的本土文化和商業模式，白人除非會日語，否則很多派過去的人都水土不服，灰頭土臉地回來。外派到東京的待遇非常優渥，人人都爭先恐後搶著去，可是待不了多久，就筋疲力竭地要求回紐約。過去幾年，走馬換將，一直沒有一個可以留久一點的負責人幫公司穩住陣腳。這份工作很有挑戰性，你一定可以勝任的。這幾年，我們一直在觀察你的表現。」

聽到這裡，我心裡已大致有個底，知道一直以來，Monty在扮演什麼樣的角色。但我納悶的是：為什麼一個在銀行裡的建築師，並未擔負任何業務，卻具有如此的影響力？

我終於忍不住，單刀直入地開口問：「當初我被點名調來紐約，是你一手促成的？」

不出我所料，Monty搖搖頭，咧嘴一笑說：「那是你自己的努力和潛力。他們高層有看法，我只是個搬磚、鋸木加搭舞台的人而已。至於誰站得上舞台，撐得住在聚光燈下的一舉一動，和我一點關係都沒有。」

「再問一句，如果你是我，去東京要注意什麼事？如何生存？」

「哈哈！過去十年來，我常得去東京，我們在那裡的樓層物業很多，日本的相關規定和大樓管理是要人命的。我在東京有一幫子老實的日本同事。找個時間，我畫一張圖表，告訴你誰是幹什麼的。他們日本人之間的愛恨情仇、尊卑長幼與新仇舊恨，比美國人的肥皂劇更精采、刺激！」

我在成田機場落地，展開了將近六年的抗日戰爭。懷裡揣著Monty親手繪製的東京人物誌圖表，這可是能幫助我在日本順利生存的寶貝。

「哎呀！吳桑，您這個要求很困難喲！」

「這樣的談判方式，好像不是我們日本人可以理解的呢！」

「您最好不要直接去找客戶澄清這個問題，不禮貌。」

「您最好暫時停止履行所有預定的進度，我的消息來源表示，客人並不同意您的看法。」

這些都是我到東京之後所聽到耳熟能詳的回答——他們做出千篇一律的動作，把頭略歪一邊，抿嘴再倒抽一口氣，表現出一副無奈、無助又無技可施的模樣。

東京畢竟是亞太地區的旗艦中心，平均每一季，Monty都會到訪一次。每當他來東京，下班後，我們就鑽進東京車站內的一間小酒館，我把碰到的阻力、搪塞與同事們陽奉陰違的挫折感，一吐為快。

「來，把那張東京人物誌攤開來，我們一起研究一下。」

每回只要Monty如此示意，我肩上的千斤重擔頓時便化為零，因為我知道接下來的這一、兩個小時，他會仔細地聽我說明客戶的背景、交易內容的深度及市場趨勢，還有我的日本屬下，誰告訴我什麼、誰贊成，而誰又抵死不從。他總在耐心地了解來龍去脈後，按圖索驥地分析問題人物是誰，我又要如何化解僵局。

「這麼多年下來，我可以給你一個小小的忠告，那就是千萬別被日本人的工業產品誤導了！他們可以製造一流的商品，設計建築一流的大樓，可是骨子裡，他們的管理風格和人事傾軋還停留在江戶時代。」

我從來沒見過Monty這麼咬牙切齒的樣子。而他的這句忠告，對我真是醍醐灌頂！

在東京一年半之後，業務掌握得差不多了，Monty手繪的人物誌引導我什麼事找什麼人，而什麼人不可以授命什麼事。一旦把日本人之間的關係、矛盾和衝突，黨社同鄉、學長與學弟的繁雜關係弄清楚了，至少我就可以把一群內鬥頑強的人，編整成一支槍口對外的部隊。

我當然也就更體會到那些不識漢字的外國人，在這個國家有多辛酸。

好日子過了沒多久，到了春暖花開的季節，一天，伊藤慌慌張張地跑來說：「實在太抱歉了，真是對不起！我不知道該怎麼說……」

他上氣不接下氣，一副要切腹謝罪的樣子。這種場面我被嚇過幾次，現在是老僧入定，我撇過頭去看了他一眼，問：「怎麼啦？山手線停電了？還是富士山塌了？」

他緊張地解釋：「大樓管理委員會決定不再同意我們銀行續約。他們要把我們趕走了！我和接頭的三菱地產科長有二十多年交情，過去一整年，他都在盡全力幫我們爭取續約的事。但是就在剛才，他把正式的公文親自交給我，上面寫的是『不續約』！」

「有這麼嚴重嗎？」我嚇了一跳，表面上仍故作鎮定地反問：「那我們就搬到別的地方去好了。你們偉大的東京不會沒有地方租給我們啦！」

「吳桑，您不是開玩笑吧？我們銀行不是一定要設在大手町嗎？」

「你告訴我，除了大手町，東京還有什麼地方是金融區？當然是叫你去找一下大手町內有什麼空樓層，我們搬過去不就得了。」

伊藤居然杵在那裡，既不出聲，也不抬頭看我，一副日本人標準的可憐又無辜樣。這傢伙其實是個好人，自從我來的第一天，他就非常幫我。他曾經在日本銀行（Bank of Japan）專門做外匯交易。日本銀行不輕易受左右，敢於操控日幣的勇氣，是世界上操控匯率的典範。伊藤是見過大風大浪的好手，說得一口流利的英語。除了業務面，我另外請他幫忙處理一些行政工作，辦公室的租約就是其中之一。

「怎麼了？真的是天要塌下來了？」我於心不忍地提了一句。

「吳桑，大手町金融區的大樓，幾乎百分之百都控制在三菱地產手上呀！他們不要我們的話，我們就沒辦法留在大手町。若我們被踢出大手町，客戶會怎麼看我們？很多同事的老婆會因自己的男人沒有在大手町上班而羞愧啊！」

他這麼一說，我才發現事態好像比我想像的麻煩了一點。不過，老婆們羞愧並不是我的考量。

「你說『幾乎』百分之百被三菱控制，那表示在大手町，仍然有樓層不是他們的囉？」

「我已經查清楚了，只有日本郵船大樓不是三菱控制的。」

「聰明的伊藤先生，你快點去約一下，明天，咱們去日本郵船大樓和相關的人聊一下天。」

伊藤手腳快，隔天立刻帶我去見日本郵船公司的物業管理科長。

「不好意思，麻煩兩位來一趟。貴社有意承租我們公司的樓層，是我們的榮幸。」近六十歲，有著一頭灰白髮絲的科長從容應對，把每層樓可以出租的方位、價格與可搬入的時間，詳細地說明。

「看吧！人家多歡迎我們！這裡地點好，更靠近東京車站，而且直接面對皇居，外觀典雅。更重要的是，租金比我們現在付的更便宜。」我洋洋得意地邊走邊說，不時回頭催促伊藤快一點，我們下午還有個客戶要去拜訪。

他仍然是一籌莫展的樣子。我雖然感到不解，但也懶得去多花心思。租約的事情搞定了，接下來就是安排裝修和搬家，這都是技術性的問題。有Monty來罩著我，萬事順利！

我給Monty發了一封電子郵件，敘述一下前因後果，得意地告訴他即將搬去新的辦公空間，請他務必鼎力支持。

一如以往在台北的案子，設計、施工一手包辦。我非常得意自己可以先把日本郵船大樓搞定，省了Monty一些功夫。

然而一反常態地，Monty並沒有立即回覆我。隔了近一個禮拜，他才簡短地回信表示，他一定會盡力參與協助。尤其是對我獨力搞定了郵船大樓，他沒有任何嘉許的反應。我覺得奇怪，但也不去多想。

又來了！

伊藤氣急敗壞地跑來，手裡拿了一封公文信函，上氣不接下氣地說：「我收到了郵船公司的正式行文，所有條件都符合我們上星期談妥的細節。」

那你幹麼那麼緊張兮兮的？我心裡暗想，可是話沒有衝出口。在Monty一再提醒我要懷柔收編的少數幾名「日本戰將」裡，伊藤是其中之一。

「可是非常抱歉，他們在最後加上了一條不可以刪除的要求……我真的非常抱歉！」

我心想：你抱什麼歉？但也明白這是日本人的習慣，每當嚴重的問題出現時，他們就抱歉個沒完。

我抬頭揚眉，點點頭示意他繼續往下說，只見伊藤恭敬地雙手遞上了信。我直接掃描到信的最末尾，搜尋可以辨識的漢字——那裡的確工工整整地印了幾個漢字：

三菱地產出具〈遷出同意書〉。

我讀得懂漢字，在日本人眼裡是件稀奇的事。他們一直認定我長年在西方國家工作，所以應該和之前的白人一樣對漢字一籌莫展。Monty也提醒過我，要隨時隨地展現我可以識別漢字，這樣能減少被糊弄的機會。他的這個提醒，對我也是受用無窮。

「不就是去叫三菱出個同意書嗎？有什麼好大驚小怪的？」我不解地問。

「三菱不會出的。」這次伊藤倒是接腔接得很快也很有自信。

「我們從現在這棟三菱擁有的大樓搬出去，而且是他們主動拒絕續約的，結果我們仍然得回頭去求三菱同意？這是什麼邏輯？」

我有點火了，緊接著又追問：

「為什麼日本郵船公司會自行加上這個要求？」

伊藤說：「這就是大手町金融區不動產同業的行規。」

當下，我曉得自己遇上大麻煩了。唯一可以解決這個問題的人，只有Monty。我寄了一封簡短的電子郵件給他，主要提到三菱同意書的事。

這一回他很快便回應，隔一個星期，就到了東京。

「哪有這個道理？我們被迫離開現在的大樓，新物色到的大樓居然要求我們去找老房東，出具讓我們遷出的同意書，還一再強調如果三菱不肯出，郵船也不敢收留我們為房客！」

Monty抵達當天便和我相約吃午餐。坐定不久，我就迫不及待地數落這兩家堪稱日本一等一的公司。

「的確，這個要求不大尋常。我去找在日本執業多年的一位同行打聽一下，看看究竟是怎麼回事。你先別急，千萬不要再去找這兩家公司的任何人多扯這件事。像我們這種規模的跨國金融機構搬遷，在東京是一件大事，我們要小心謹慎地處理。」

不到二十四小時，Monty就弄清楚真相了。

「三菱地產要把大手町區最美的『銀行家俱樂部』老樓改建，保留具有歷史價值的前面正牆和大門，並貼著後面的基地蓋一棟超高建築，希望讓所有的重量級跨國金融機構都進駐，以符合『銀行家俱樂部』大廈的名稱和尊榮等級。所以先通知我們，這棟舊樓不給我們續約，冀望我們會自動要求去他們的新樓。」

「日本郵船也太膽小了吧！怎麼不敢收我們進去？」我好奇地問。

「這件事的確奇怪，所以我也打聽了一下。原來三菱的觸角延伸很廣，大手町一有任何異動，他們都有情報。三菱知道你去日本郵船公司看過場地，也表達了承租意願，便立刻警告他們：如果未經三菱同意，日本郵船公司接受我們為新租戶，三菱地產就會要求三菱所有的事業單位，停止採用日本郵船公司的船隻。」

Monty說到這裡，調侃地補上一句：

「日本郵船公司不會因為我們，而把他們和三菱的關係搞砸掉，這就是日本大財團的恐怖！歡迎來到真正的日本。」

我恍然大悟。

如果沒有像Monty這樣的建築師背景和人際關係，恐怕我永遠都會陷在這個〈遷出同意書〉的泥沼裡，浪費時間去亂闖，到頭來白忙一場。

循往例，Monty打理了所有的細節。他一直告訴我不要擔心搬新地方的事，叫我去忙更重要的事情。

但是，我知道他和三菱議新約時動了肝火。

他推翻三菱地產堅持要聘用三菱建設的室內裝修工程團隊，並且仔細研究每一個項目的報價。在如此昂貴的都市，每一毛錢都要有心人去盯著，那個人就是Monty。

東京的案子收尾順利，這次沒有什麼超出預算的恐怖事件。在進駐新大廈的當天，一個秋意深重的季節，我們在大樓前方匆匆拍了張合照。

一如往常地，Monty沒有留下來參加活動，逕自趕赴機場。

後來，我們在紐約碰過幾次面。Monty到了六十歲那年，立刻辦了退休。在電話裡，他說要陪妻子Amy去旅遊，也想多花一點時間給跆拳道的志工組織。

至於我呢，我也離開日本，回到了台北。

此後，我倆在工作上雖然不再有什麼交集，但是仍然定期通電話。沒想到Monty在退休後還不到兩年，運動和飲食習慣都非常嚴謹的他，居然一下子惹上了兩個癌症……

但是Monty仍然樂觀、開朗地面對自己的身體，配合醫生積極抗癌。每當我到紐約出差，他一定親自開車載我去中國城裡他最熟識的餐廳，叫上一大桌海鮮。他和Amy到香港時，我也飛過去聚會。

我眼中的他，看起來是如此健康、快樂。

後來有一次我去紐約，本來說好了再去那家他最愛的海鮮餐廳。可是我到的時候，他感冒發燒，出不了門。我們僅僅通了電話，沒有見面。

在話筒那一端，Monty以我倆初見面時，同樣渾厚低沉的嗓音說著：「我很好，小感冒而已。可惜這次不能請你吃飯了。等天氣暖和一點的時候，我和Amy會再去亞洲，我想去台北看看那套黃花梨家具，相信現在應該翻了好幾倍吧！」

我嚇了一跳，其實他一直把黃花梨這件事記在心上。

一個春天的星期六早上，氣候和暖，我突然想到與Monty見面的約定，立刻打了通電話去紐約。聽到是Amy接的，我心裡面就覺得怪怪的。

「他今天早上走了，他平靜而且快樂地和我道別。你們倆，真是心有靈犀……」Amy話聲哽咽。

我不記得接下來和她說了什麼。放下電話，悲從中來，久久不能釋懷。

幾個月後，我到新加坡出差，特別去之前Monty推薦的飯館，吃了一份海南雞飯。

回到旅館，臨睡前，面對窗外的無垠海景，我默默地心想：Monty，我來你的家鄉，幫你吃上了一份你最愛的海南雞飯。

熄燈就寢，迷糊之中，也不知道睡下去多久，我感覺到怎麼床頭櫃下的夜燈亮了起來。起來找到開關鈕，轉熄燈，倒頭再睡；不一下子，那個燈又漸漸亮了起來。真奇怪！

我心想：

「Monty，應該是你來打招呼吧？謝謝你這些年來幫忙我。我知道你一個建築師，隱身在銀行裡，是為了照顧像我這樣的人。你追求的是對人的關懷，而不是自我設計的表現。」

燈，漸漸熄滅了。

銀光盔甲

溫柔的酒吧

早上十點的約定時刻已近。我抬頭四顧，想看看在這個溼悶高溫的城市國家新加坡，究竟哪一棟大廈，才是我該準時去見的亞太地區ＣＥＯ所在的辦公大樓？這種瘋狂式發展的都市叢林中，每一棟大廈皆竭盡可能地去展現自我的特殊性，但在我看來卻都沒什麼特別之處。

我本能地仰頭朝著那棟目標大廈快步趕過去。「寧可早到，絕不遲到」，這是我的一種執著，一份專業的信念，也是與西方人打交道的一項鐵律。

在東南亞的高溫之下，我仍然穿得西裝筆挺，加上牢實勒緊的領帶，不因為溫度而在衣著上妥協。

砰！一個踉蹌，害我差一點跌個狗吃屎。

穩住腳步，低頭看一下怎麼回事，發現一腳踢到了一根細細的鋼絲支架。對未成蔭的小

樹，當地人精心地以肉眼幾乎看不見的細鋼絲，來穩固植物的生長和姿態。我那雙高級的英國皮鞋鞋尖被狠狠地咬出一道傷口。

才踢壞鞋子，心中嘀咕未盡，我已站在目標大廈的大廳內，可是翻開衣袖查一下手錶，足足早了四十分鐘。幸好旁邊有家星巴克，上班的人潮已退，吸引人的沙發區空盪盪的。我一個箭步衝進去，找處舒適的座位一屁股坐下來，一邊仔細檢查鞋子的傷痕，也享受一下冷氣的撫慰。

剛坐下，我便把《溫柔的酒吧》②這本書從包包裡拿出來，攤開昨晚讀到的那頁，想藉著閱讀忘記鞋子的傷，平衡一下新加坡比台北進步的事實，也撫慰一下在這種天氣打領帶的難受。

昨天臨出門趕飛機前隨手抓下來的這本書，其實也待在書架上有一陣子了。大概因為此時此刻要去見的人姓Murphy，這是愛爾蘭的姓，下意識就決定帶上這本以愛爾蘭社區為背景的書。

翻了幾頁書，時間差不多了，我打起精神，昂首闊步地赴約去。

② *The Tender Bar*，作者J.R.莫林格（J.R. Moehringer，一九六四—）曾獲普立茲獎（新聞特寫類），文筆真誠流暢。他以幼時伴其成長的愛爾蘭社區酒吧為中心書寫的這本回憶錄，出版後成為膾炙人口的暢銷書。關於《溫柔的酒吧》進一步的內容，請見本書第一一七頁。

「歡迎來新加坡，在中國新年前，還麻煩你跑這一趟。香港的同事跟我講了許多關於你的事，我真是迫不及待地想多了解你。」

這位CEO紅光滿面，銀灰色的頭髮，年齡應該在六十歲左右。愛爾蘭男人到這種年齡之際，臉部的微血管擴張，泛出健康和善的紅潤色澤，這也就是西方人常常形容的「參議員的紅潤豐腴臉頰」。

像這麼一位儀表堂堂的資深CEO，在亞洲屬於稀有動物。除了紅潤豐腴的臉頰之外，他的體型高大壯碩，聲如洪鐘，手握起來厚實飽滿。相映在紅顏鶴髮之間的一雙淺藍眼珠透出慧黠的眼神，帶點真誠，但是也掛著些許質疑，給人一種模稜兩可的感覺；要解讀這種淺藍色眼眸，我對自己的能力一向沒什麼信心。

「多謝您抽空與我碰面。可以來此地見您，聽您講述在亞太地區的策略，以及您個人對台灣的看法，都將使我受益良多。我必可滿載而歸，好好回去台北過年了。」

這番客套之後，便切入正題。

對於有一番歷練的洋人，我一貫的風格就是盡量引導對方先啟話題，鼓勵他分享自己的看法、觀念、經驗與喜好。

無論什麼人種，一旦拿到話語主導權，幾乎都是口若懸河，滔滔不絕，開心地抒發胸中沉積多時的定見。尤其面對一個外來求職的人，面試者的位置自然而然地就調高了，應試者則在不知不覺間坐到了矮凳子上。這是千古不變的定律，也是求職面試過程中無可避免的事實。

我仔細聆聽這位ＣＥＯ操著一口紐約腔英語，剛中帶柔，清楚又帶點戲劇化地介紹自己，詳述他勾勒的亞太策略，以及對台灣業務的期待，尤其是對台灣這個仍受到高度管制的金融市場所感受到的失望和偏見。一旁的我，樂得清閒地聆聽受教，時而點頭微笑，時而禮貌性地打斷，切入一些問題，來證明我沒有神遊太虛。

當然，這位ＣＥＯ仍然非常自覺地，而且本能地轉換話題，引導我做自我介紹，以誘導我對某些特定的金融議題表態。對於過往的一些市場需求、未來的動向、結構複雜的交易流程和商品訂價，他客氣提問，但不容我閃躲。

他的力道是高手出擊，既切中要害，又適可而止地留下一道窄口，端看我如何應對。如此的來往交鋒挺過癮的，在刺激之餘，也平復了不少我不甘願地跑這一趟的負面情緒。

從他的言談之中，我當然也汲取到許多我不知道、未曾接觸過的高層次思考模式，聽他預測未來亞太地區的走勢、人力資源，以及基礎訓練的必要性。

其中，我覺得最受用的是聽他談到如何評估參股一家中國的國營銀行。

幾經曲折的談判後，上市迫在眉睫之際，中方如何施壓，而美方沒有充足的時間完成審計考核的步驟，必須妥協硬吞中方的條件。儘管如此，中方為了能有這樣一家重量級的美國金融投資夥伴，給了一個史無前例的包底買回價格——換句話說就是，美方若在入股後的五年內要撤出，可以用一個雙方現在入股之際就協議好的價格拋回中方。當然，這個包底的價格，就是把美方的資金成本外加一個合理的投資報酬率。美國人參股有裡子，中方招商有面子，一個雙贏局面。

在敘述了完整的議價過程後，這位CEO又非常得意地分享一件事。他說，他曾經一再地反覆詢問中方，是否有可能把包底的方向轉到另外一個面向——包頂，即允許美方增加日後一段時間的持股比率。

這是美國金融機構的夢想，一腳踩進一個十三億人口的國家，取得主導權，建立分行、支行及網點……不計其數的消費金融族群涵蓋範圍。美國金融機構可以把發展了百年的技術知識，一股腦兒地投擲到這個金融蠻荒世界，多麼美妙！不管任何企業家、金融家，皆視這個善良又節儉成性的廣大消費族群，為畢生施展拳腳的天堂！

「你知道嗎？我從完全沒有和中國人打過交道，對於談判應酬文化一無所知，到今天，我已經知道怎麼樣去欣賞二鍋頭，怎麼樣在千杯不倒的喧鬧氣氛中，埋下隔天酒醒之後，重回談判桌上的伏筆，但是也要接受酒後吐真言的虛偽，昨晚的豪言壯語、一干承諾，都在酒醒之後蕩然無存。」ＣＥＯ的淡藍眼珠搭配微微上揚的嘴角，他在等我接話，期待著透過我的反應，獲知一個在台灣的人如何回應他對大陸的經驗和看法。

我完全無法透視他是站在哪個面向來汲取我的回應，只能硬答。

「喝酒文化真是千奇百怪。中國人對酒精這檔子事，似乎和西方基督教的禁忌有相當大的差距。我們不太在乎中午就沾上酒精的飲料，比如祖輩會用筷子頭沾上一點酒去逗鬧孫子，而逢年過節在家團圓之際，青少年會個別或成群地趨前，持杯向長輩敬酒。」

「哦！你說得對，你們對喝酒的事好像比較隨意、自在，不會把它看得天大地大，罪惡深重呀！」ＣＥＯ後仰大笑，自我解嘲說：「自從我和中國打交道，開始接觸到喝酒應酬文化之後，我也開始納悶，為什麼我們西方人對喝酒這檔子事如此大驚小怪。我們似乎是有點過分反應了吧！」

我知道他又把球丟出來了，想挖出我對喝酒文化的看法。直覺的反應是他在開一個窄口，要看我是側身而過，還是硬著頭皮擠過去。

我當然清楚，關於這個問題並沒有絕對的真理和公認的答案。但我也非常明白，對一個愛爾蘭裔來說，喝酒的文化、禁忌和敏感度是遠遠超過任何族群的，尤其是在美國。

為什麼？

愛爾蘭人的基因裡有酗酒的深厚底子，戒酒中心的常客以愛爾蘭人為主，他們的血液充滿了歡迎酒精的成分，長年汲取酒精飲料來開心。酒精使他們快樂、舒服，唯一的缺點是：他們不知道怎麼停止持續地吞飲酒，一旦開喝，就停不下來！「愛爾蘭」加上「酒鬼」，成了一條恆久不變的定律，而這是不公平且絕對偏頗的成見，亦是一種歧視與汙辱。我知道面對一個愛爾蘭人，回應與酒精相關的話題要格外地謹慎小心。而在此刻面試的氛圍下，其敏感度瞬間更是提升了千百倍。

我的直覺是就此打住，不再接腔，把這個話題轉移掉。我明白，無論任何回應都會帶來不可預期的反應。我不是非要這份工作，但是對每一場面試，我要的是贏得一個肯定。拿到工作後，我可以有千百種合情合理的方法來「婉拒」，但是我不吞被打槍的苦果。

應徵面試的過程是一種洗練的表達，一種自我展現。在極有限的空間和時間之內，讓主試者被我感動說服，進而欣賞，乃至於非要雇用我不可。當然，終極目標還是把自己提升到更高的層次，無論職銜或待遇，都是贏家全拿！

「坦白講，我對大陸內地喝酒文化和應酬方式的了解不如你。這幾年來，我都專注在台灣。說來慚愧，真應該多從你身上學習並觀察，跨到了台灣海峽的彼岸，對於同文同種兄弟們引以為傲又樂在其中的飲酒文化，我們究竟應該以什麼樣合適的態度去面對。」

我把這個話題謙卑地回呈給儀表堂堂的愛爾蘭CEO，同時瞄了一下他辦公室窗外的一百八十度海景，輕輕地吐出幾聲讚嘆。我清楚得很，稱讚對方的辦公室是到哪兒都行得通的鐵律，無論是景觀、擺飾、照片或證書，都適合直接拍馬屁，畢竟「千穿萬穿，馬屁不穿」。我心裡盤算著用這招把「酒」這個敏感話題扯掉，我們可以移到下個話題。

但他不上當！他不接腔背後海景的話題，只以雙手抱著後腦勺，又是大大後仰一下，緩緩地問我：「為什麼你可以勝任我們在台灣的總經理？」

這是一種負面的姿態，帶著質疑的挑釁，讓我們的關係在近兩個小時的面談之後，驟然回到原點。直白翻譯就是：我們為什麼要雇你？你夠格嗎？

「這是個非常好的問題，我剛才也正在思索究竟我合不合適，你會不會直截了當地拔槍以對，放馬過來呢！」

那對銀灰色眉毛跋扈地上揚，之下的那雙淺藍似冰的眼睛，驟然地射出一道冷光。

「哦！你似乎並沒有太認真看待我的這個問題。我絕對無意冒犯或刻意要讓你感到不安，但我認為我們應該正視這件事。我洗耳恭聽。」他說。

我心裡反射出兩個極端的畫面。

其一是自己以「坐矮凳子」的姿態正襟危坐，有系統、有條理地回答他的問題。在那畫面中，我倒抽一口氣後挺起胸膛，冷靜地用明確的語氣和專業詞彙，逐條把我自認為可以勝任的所有強項，不疾不徐地由喉嚨底部深沉發聲，與他坦白交心。

另外一幅景象，則是一個渾然天成，自在又自信的動作：我伸手從背包中拿出了《溫柔的酒吧》這本書。

我微笑著，慢條斯理地把這本五百多頁的回憶錄擺到腿上，輕鬆地蹺起二郎腿，反問他：「你那麼忙，不知道有沒有時間看這本書？我旅行時有個習慣，就是一定會帶上一、兩本書。我有旅行缺書恐懼症！」我自嘲地說。

原本表情冷冽的愛爾蘭ＣＥＯ，這時眼睛亮了起來。「我太太正在看耶！她說這是令人放不下來的一本好書，她看完就輪我了。我太太是標準的書痴，我自己也非常喜歡看書。」

我抿嘴點頭，淺笑故作讚許狀，接著又若有所思地回一句：「我相信你來看這本書，一定會比我有更深刻的體會。」

頓時之間，我不再蹲坐在凳子上了。我坐上了油壓增高的牙醫椅，一下一下地慢慢提升自己，我的眼光由仰視，到平視，到俯視。

這一切的主客易位當然都是意識上的轉換，是心態上的調整。

《溫柔的酒吧》到底是一本什麼樣的回憶錄，有如此大的作用？

「The Tender Bar」，這是原文書名。而在英語中，「bartender」是「酒保」的意思。作者莫林格刻意把「酒保」倒置成「溫柔的酒吧」，以一種對比倒置的方式為自己的回憶錄命名。

這整本回憶錄，環繞著一間愛爾蘭社區的酒吧。

莫林格出生於北美東岸的一個愛爾蘭人群居的小鎮。在他幼年時，才華洋溢且桀驁不馴的父親，因不耐小鎮無聊又乏味的生活而拋妻棄子，遠走他鄉，從此音訊杳然。

鎮上有一間酒吧，可說是整個社區的中心，更是全鎮的社交、資訊交換及人們互動的平台，無論什麼背景、什麼年齡的人，都可以在這裡找到自己心靈上的出口。在喧鬧的人群和杯瓶碰撞聲間，在體育新聞與當季熱門賽事中，在頭條新聞報導之際，酒吧裡的人們互相衝擊，高談闊論地交換意見。

莫林格對自己的父親毫無印象，所幸鎮上全是他的親戚。母親知道他缺乏一種「父親」的角色模範，所以三不五時就支他去那間酒吧，不是拿包菸，就是拎兩瓶啤酒回家。酒保和吧檯旁的叔伯表堂兄長，看到他，也心知肚明他的母親為什麼叫小小年紀的孩子去酒吧。自然而然地，他和這些男性親屬打成了一片，他們給他一罐可樂，讓他留下來看人打牌、聽政治辯論，也會跟他聊聊學校的功課狀況。

在這本回憶錄裡，莫林格描寫了自己如何在這間酒吧裡，得到多重類似「父親」的影響。他仔細觀察了不同的男性角色，以及他們個性上的差異，並隨著自己年齡的增長，建立了非常多樣又完整的觀察樣態。不知不覺中，也讓他形成了自我一種特殊的人生哲學。

但林林總總的一切，皆歸根於愛爾蘭人社區飲酒文化的基礎上。

這本書之所以成為當年的十大暢銷書，也正因為作者突破了「愛爾蘭人」與「酒鬼」的不堪連結，大膽地敘述「酒吧」對於一個社區小鎮所提供的社會化功能，並大方地昭告天下：他是一個失去父親模範角色的孩子，但是他在愛爾蘭酒吧中，汲取親情，飽受呵護。

他以「溫柔」，來形容那處使他茁壯的酒吧。

這本書徹底顛覆了愛爾蘭人和酗酒的禁忌。徹徹底底地把酒吧的功能攤在陽光下檢視，不僅扭轉了愛爾蘭人自身的卑微與不安，也同時粉碎了非愛爾蘭人對這個族群和酗酒的一貫刻板印象。

「你覺得有多少台灣的金融從業人員會看這本書？」我輕聲問這位臉色紅潤豐腴的CEO。「除了你老婆和今天遇到的我，你在亞太地區曾遇過或知道有人在看這本書嗎？」

我沒有打算鬆手，再問：「如果有一個大陸的交易對手正在、或已經，甚至預備來看這本書，你會不會很驚訝？」

我決定把雙手扣著後腦勺，身體往後一抑，但是仍然將《溫柔的酒吧》四平八穩地平衡在腿上。

我不再作聲，平靜地吐納，眼觀鼻，鼻觀心，讓死寂在我們兩人之間迴盪。

東南亞近中午的炙熱陽光穿透而入，駐留在桌角和沙發面上。我將目光投向窗外的海景，也不知過了多久，但是感覺上滿有一陣子了。

「從你的辦公室望出去，這片海景真的好漂亮。或許我在看的這本書，可以用來回答你的好問題：為什麼我可以勝任這項職位？我想，我非常努力、用心地試著去了解你的文化背景，我有著好奇心，而對於不同文化間的差異也想要一探究竟。

「如果有個人願意跨過太平洋和美洲大陸的彼岸，努力去了解愛爾蘭人的酒吧文化，你應該會比較容易接受他吧。而這樣的一個人，日後和你的溝通應該也比較容易，不是嗎？」

當我拉回目光，兩人眼神交會之際，ＣＥＯ的粉紅臉頰變得比較像聖誕老公公了，我第一次注意到他有一列整齊的貝齒。

他笑容可掬地說：「本來沒有安排吃午餐的，不過，如果你方便的話，咱們去樓下吃東西再多聊聊，如何？」

我站起來，順手把《溫柔的酒吧》放回包包裡，挺直了腰桿，發現我們倆的身高差不多。

並肩與他一同步出辦公室，我心裡在想：面談一份工作，手邊帶的非金融專業相關的書，才是一具重炮。

樸實的富翁

我才剛上任不到兩個月，這天，亞太區的首席執行官和他的一群幹部便慌慌張張地衝進台北的辦公室，氣急敗壞地要來幫我好好準備一下，並且研究如何妥善規劃行程。因為統管全球的總裁耐德先生要出巡亞洲了，兩星期後會抵達台北，預計停留三天。

我在面試這份工作的過程中，見到的所有人，無論是擔任什麼職位、負責什麼業務，一提起這位耐德先生，幾乎就像四十年前台灣的軍隊或學校的軍訓課，提到總統蔣公時一定要立正站好，雙手中指貼緊褲縫，挺起胸膛，眼睛直視前方，來表達對領袖的尊重和愛戴。

當然，洋人不會弄到立正站好的地步，但是那種「天要塌下來了」的戒慎恐懼、籌備來訪行程，以及對於業務檢討的數據，事事追求完美、近乎苛求的地步，讓我這隻新上任的菜鳥看在眼裡覺得啼笑皆非，心裡想著我們台灣人最常吶喊的一句話：「有那麼嚴重嗎？」

「真的是這樣嚴重哦！」亞太首席執行官湛藍的眼神射出一道冷光，以一種少有的口吻盯著我說。他應該意識到我的漫不經心，以及還不明白耐德先生出巡的意義，所以這麼緊張地提醒我。

「我們已經把所有的行程，來回往返與耐德先生的辦公室做了無數次溝通、修改和確認。所有的業務報告，每一行每一字都推敲斟酌，每一個數字，也都再三複核了。」我仍然按捺不住地頂了回去。

「相信我，耐德先生是不可預測的人。這家金融企業是他獨資擁有的，他愛怎麼樣，就怎麼樣。這是他第一次見到你，你就是他這次來台北最重要的關鍵人物。你在他面前的表現，會直接影響到你在這裡的前途。而且，如果你有什麼不對勁的舉措，不僅僅是你自己，也會嚴重影響到我們在亞太區的所有人，畢竟台灣是一個舉足輕重的市場。」緊接著，他慎重地叮嚀：「還有一點，見到他一定要用『耐德先生』來稱呼，不可以直呼其名。切記、切記！」

哈！原來他們這幫人那麼緊張，是為了好好捧住飯碗呀！我只覺一陣好笑。美國人不是連祖父都和孫子以名字相稱嗎？怎麼會有這麼正經八百的總裁？我心裡又是一陣嘀咕。

「抱歉，打擾了，我能不能把我的背包暫時放在你的辦公室？」

聽見詢問聲，我抬頭一看，只見一個洋老頭子皺著眉頭，探著微禿花白的頭問著。他看起來一副可憐兮兮的樣子，縮站在我辦公室的門口旁。

我一眼就認出來了，這位老先生就是耐德先生！我已經上網搜尋了他的近照，他本人比網路上的照片看起來更為蒼老。

「當然可以，當然可以。」

我忙不迭地站起來，快步走上前去迎接他進來辦公室，心跳加速，口齒不清地應答著。

「耐德先生，您怎麼今天下午就到台北了？不是明天一早的班機來嗎？」我一邊把他的背包接過來，一邊忐忑不安地小聲問他。

沒有人去機場接機，沒有人送他進旅館，一個全美納稅前十名的富翁，就這樣一個人通關出機場，也不知道搭什麼交通工具，便劈里啪啦地進住旅館，然後拎著一個破舊的學生型背包闖進我的辦公室……不是來對我突襲檢查吧？

果然是不可預測的富翁。

「我常常來這裡。你們台灣是個先進、友善的華人社會，安全又舒適，自己一個人從機場搭巴士到旅館，再走到公司，前後不過兩個小時，方便快捷。」

他邊說邊伸手到他的背包裡，摸出一條卡其休閒褲，靦腆地問我：

「我在東京時，不小心把褲管扯破了一個洞，你可不可以幫我找人修補一下？交給旅館去弄可貴了！」

「沒有問題，馬上幫您去處理一下。」我恭敬地接過褲子。

「這棟辦公室大樓後面巷子裡的那家廣東餐廳，現在還沒有午休吧？我先下去吃飯，等一下再上來找你聊天。他們做的魚頭可真好吃耶！我猜我上輩子應該是個華人，今生今世才敢吃帶有頭的魚和雞！」耐德先生對我眨了眨眼，笑嘻嘻地逕自轉身，輕快地走出我的辦公室。

我傻傻地捧著那條需要縫補的褲子，不可置信地看著耐德先生微駝的背影，不知道該追上去和他一起去吃廣東魚頭呢？先去找人補褲子呢？還是該老老實實地坐在這裡等他回來。

「耐德先生已經到台北了，而且自己一個人進城，剛剛進來公司，現在一個人下樓去吃魚頭。」我決定先報備到亞太總部，聽聽他們的反應。

「你沒有巴結狗腿地跟去陪他吃魚頭，是聰明的選擇。馬上請助理找人補好褲子。你就依你原本的行程做事，有會照開，有客照見，一切維持正常作息。你不一定要留守在辦公室等他。他到台北的正式行程是從明天的早餐會報才開始，他卻提早在今天就抵達，一定有他自己的安排，你不必太拘泥於一定要隨侍在側。」

亞太首席執行官以刻意鎮定的口氣回答我，接著不忘補上一句：

「明天你是主角，好自為之。我趕今晚的班機去台北，明天見。」

我真的就按照本來已經排好的行程，去做該做的事：參加每星期的市場分析會議，又跑去廣告公司那邊看剛剛殺青的廣告片。

再回到我的辦公室時，那個背包，聽助理說老先生已經自己拿走了。

亞太地區所有的重要人物都在前一晚飛抵了台北，隔天早上，每個人皆精神抖擻，毫無保留地展現胸有成竹的自信風采。

見到我時，他們都親切地和我道早安，拋出一、兩句鼓勵我這隻菜鳥的話：

「沒有關係，自然一點就可以了。」

「其實他人很友善，只是會突發奇想，做一些不可預期的要求。沒辦法啦！他的公司嘛！」

「順著他一點，不要頂嘴，也不要自作聰明，應付他不會太困難。」

七嘴八舌的話語自四面八方湧來，我想，他們真的是擔心我這個菜鳥今天會一頭栽下來吧！

一疊疊厚實的簡報資料，整齊畫一地排放在大會議桌上。大家都準備充分，摩拳擦掌地來做業務報告。

大夥兒坐定之後，亞太首席執行官一一介紹坐在大會議桌旁的人，耐德先生親切和藹地和每一個人打招呼，看來心情非常愉快。

「耐德先生，這一位就是新上任的台灣區負責人，他剛上任不到兩個月。」

我順著被介紹的話，微微起身向老先生致意。

「嗨！我們昨天已經打過照面了。他滿不錯的，昨天沒有死守在辦公室看著我的背包，去忙他的事。這樣子的人最好了，沒有浪費我們付他的薪水。」他說完之後，自己哈哈大笑起來，然後對著我調皮地眨了眨老頑童的眼。

第一個時段是有關台灣整體大環境的簡報，由亞太地區的策略長主講。他操著純正牛津腔，是一個略帶神經質表情的英國人，整場的氣氛相當嚴謹，一片片的資料滿載數字和圖表，投影於銀幕上。大家聚精會神地聽著，可是對我而言，這些都是早知道了的內容，大部分的資料和數據也是台北這邊提供的。每次在這種由洋人來主導講解台灣的簡報，加上牛津腔，真的好像一首巨大的催眠曲，直接灌進我的耳朵。

我努力撐著。我是主角，下一個時段，我就要初試啼聲，在耐德先生面前提出台灣的經營策略了。

十五分鐘的休息時間一晃而過，在大家坐定之後，我站起來走到前方，清了清喉嚨，手執紅點筆，準備開始由我主講的第二個時段。

「我幹麼一定要遵循這個順序，來聽簡報？」耐德先生突然把他的那疊資料重重地甩在桌面上，接著站起來看向窗邊，隨手把窗簾拉起來說：「這麼亮麗的早晨，我們為什麼不好好享受陽光？反而把自己關在暗暗的會議室裡。」

看得出來，他並不是生氣，臉上露出的是一種尋求突破的表情。

大家不知所措，我更是尷尬地站在投影銀幕前面。

耐德先生指著窗外正如火如荼趕工的一〇一大樓，轉身對著我說：「這棟大樓很有名。你住在台北，來和我們大家講一下，你怎麼看這個一〇一。」

這……這和之前我被警告的情況也天差地遠得太厲害了吧！

我是耐德先生來台北視察業務的主角；我是新上任的負責人，一定要記得稱呼他的姓加上「先生」兩字以表尊重；雖然只有兩個月，但是仍然要在他的面前表現得專業、自信，對所有的數據、預算及費用都瞭若指掌……這些我都可以理解，我滿心接受，而且好好地調適我自己，充分準備好以面對耐德先生。

可是，出其不意地要我來講一〇一，這個要求真是太離譜了。

全場鴉雀無聲，我當然也意識到，在這個節骨眼，我只能自求多福，必須展現出一個基金投資公司在台負責人的實力。這應該也是耐德先生決定不按牌理出牌，不耐煩依照原來的簡報順序走下去的原因。

他不要浪費時間去聽一連串預演好的話術，和編輯、核對過的數據。

「一〇一目前離完工和租戶可以進駐的預定期還有一年半，他們正在努力招商。不過，畢竟這是台北市的第一棟超高建築，對於未來的消防、恐攻的應變和疏散，尤其是大家對於世貿大樓九一一的記憶猶新，多有疑慮，導致他們的招商進度比較落後。」這些是一般媒體都揭露過的消息，我靈機一動，立刻拿來先搪塞一下。

「他們招商的租金，和我們現在這棟大廈所付的有多少差異？」耐德先生邊問我，邊走回他的位子坐下來。

之前在研究不動產受益憑證的商品規劃時，我知道在北美，租金是以一年來作為衡量的基礎，也就是每月每平方英尺的租金乘上十二個月的總額。而不是台灣慣用的每月每坪的標準。

我在準備給耐德先生的費用資料中，有演算過我們目前及五年後，隨物價指數年增率調整的辦公室租金。不知是福至心靈，還是純屬巧合，我在準備這份租金數據時，特別把原本同事引用台灣慣例的「每坪每月」為單位的數字，不假他人之手，自己換算改為每平方英尺一年的租金。

「我們現在是付約一千美金。一〇一招商的租金比我們現在的金額多二十五個百分點，可是為了吸引租戶，他們提供相當大的彈性，依樓層高低、承諾簽約的年限，而有各種不同的折讓。」我謹慎地打住，因為真的不知道一〇一招商折讓的細節。

「那如果我們去租低樓層，加上一個合理的中長期租約，他們顯然可以給一個相當大的折扣。一旦我們承諾進駐，我們也可以同意他們揭露我們的進駐意願，有助於他們的招商，如此一來，就能再要求一個更有利的折扣。」

耐德先生環視一桌子呆若木雞的人，精打細算地分析著。接著，他對著仍然站在銀幕前方的我，面帶微笑地發號施令。

「你看看，如果可能的話，我們兩人今天下午就過去和一〇一招商的人碰面，請對方安排我們去工地現場參觀一下。」

接著他對大家說：「簡報就到此為止吧！大家回去工作了。」

他輕輕拍了拍手，便逕自站起身子走出會議室，往我的辦公室快步走去。

「你覺得我們該不該搬去一〇一？」才剛進辦公室，他順手把門帶上後，劈頭就問。不等我回答，又接著說：「你剛才說的有關一〇一的事，聽來都很合理。我和你一起去查證一下吧！」

我瞥見桌上整整齊齊地擺了一個透明塑膠袋，裡面就是昨天耐德先生交代縫補的那件卡其休閒褲，應該是乾洗燙過的。我笑笑地遞過去給他，想岔開一〇一的話題，因為我需要一點時間思考如何安排去看一〇一的事。

「真的幫我縫補得和全新的一樣！」他小心翼翼地把褲子拿去檢視，口中讚嘆不已。「怎樣可以弄得這麼完美？是哪一位員工處理這件事的？該不會是你本人吧？」

我老實告訴他，是一位客服人員找到有修補經驗的地方去弄的。他捧著那條褲子，立刻走出我的辦公室，頭也不回地邊走邊說：「我一定要親自向她道謝，咱們一起去，你要好好介紹這個人給我。」

在嘰哩呱啦的道謝聲中，我看到一名首富對著一個年輕的女孩子，一老一少相視而笑。老先生鞠躬作揖，年輕女孩手足無措地答禮。旁邊的小朋友們竟然也紛紛放下手邊的工作圍觀起來。只見一頭白髮的耐德先生，站在一群活潑的小女生之中，形成一幅溫馨的畫面。

「耐德先生，幫你修補的裁縫師傅一直問我們，為什麼一件那麼舊的褲子，又不是什麼名牌，還要大費周章地拿來縫補？」其中一位大方外向的小女生鼓足了勇氣問。

「這條褲子可舒服了，我不記得穿了有多久。我年紀大了，常常會不小心踢到或碰到東西，弄破衣服、褲子，如果有小小的破損就丟掉，太浪費了。哦！我從來不相信名牌的。」耐德先生愉快地與一群小朋友攀談閒聊起來。

乘著這個空檔，我立即聯絡了一〇一負責招商的人。他們受寵若驚，知道這樣有名氣的公司，全美納稅排行榜前十名的富豪要求去參觀，求之不得，當然排除所有的事情，全力投入服務。

首先介紹的就是一〇一引以為傲的「阻尼器」，他們詳細地說明這個大鐵球的功能，耐德先生聽得津津有味，也問了不少問題。

之後，免不了要實際搭乘鏤空的工地電梯，一路被拉上風嘯狂野的高樓層。

耐德先生老當益壯地跟著介紹的工地主任，亦步亦趨，絲毫沒有懼高的樣子。反而是我自己，深怕一腳踩空，走得戰戰兢兢，畏首畏尾的。看得出來，這位富翁老先生是身經百戰，到過不少超高建築的工地。

突然，耐德先生自己一個人走到尚未封口的管道間，伸長手臂、側著身子，去用力拉扯其中一條漆黑粗壯的電纜。我看了工地主任一眼，不解地攤了攤手。

「沒有安全疑慮的，你也可以去拉一下。」工地主任笑咪咪地回答。

我只好依樣畫葫蘆地找了一根比較細的電纜，拉了一把。

「如果他們設計這麼巨大的阻尼器，加上台灣的地震頻繁，這麼高的大樓一旦搖晃起來，電纜若沒有預留伸縮延展的空間，一定容易扯斷，後果不堪設想。顯然這裡的施工品質一流。」耐德先生經驗老到地解釋給我聽。

從一〇一工地回來的路上，出乎意料地，耐德先生並不再多談剛才看到的人與事，也不追問租金折讓的可能性，只對我說：

「可不可以請你安排一下，我們等一下立刻去拉一下現在承租大樓的電纜，我要確定目前的這棟大樓有預留充裕的彈性。這一點對我們的員工和交易資訊的安全性，都不容忽視。」

耐德先生的專注和仔細，我見識到了，小到對補褲子的感恩，大到建築物的搖擺係數，他都放在心上。

剩下來的兩天，我記不起發生了什麼特別的事。而我的老闆也如釋重負地告訴我，老先生覺得我還算聰明。

「耐德先生不常用『聰明』兩個字來形容員工。」我老闆補上一句。

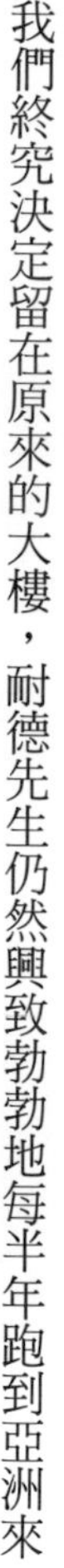

我們終究決定留在原來的大樓，耐德先生仍然興致勃勃地每半年跑到亞洲來。

一如往常地，只要他來台北，亞太地區的重要人等都會跑來接駕，並且非常熱心地要輔助我這個負責人，幫我好好地應對老先生。

「耐德先生這一趟巡視，在日本及韓國，都已經花了不少時間討論我們招募人才的問題，他一直擔心我們公司沒有辦法吸引人才。你著手研究一下，看看該怎麼回答我們在台灣尋找人才的問題。記住，這是他一手培養茁壯的公司，他一直覺得我們在亞太地區可以聘請到一流的人才。」我的老闆亞太首席執行官耳提面命地交代我。

我當然知道老闆是出於好意，怕我傷了老先生的自尊心。可是，我們在台灣真的不可能與其他的跨國金融機構拚人才。

耐德先生又是一個人獨來獨往地抵達台北，同樣的學生背包，同樣一套西裝，同一雙皮鞋。而也是同樣陣仗的人馬，同樣的大會議室。各路人馬坐定之後，由亞太主管人力資源的大頭目，一個急於表現又時時不忘提醒大家她在倫敦多年的澳洲女子，刻意地用英國式那種略帶口吃、略帶猶豫的口吻開場發言。

我的老毛病立刻發作。這種慣常以西方的思維模式，來建立一個放諸亞洲為準的人力資源發展計劃，和試圖檢討，進而找到改進的空間，對我來說又是一劑強力的催眠針，令我昏昏欲睡。

「我想聽聽你的意見。」耐德先生一等開場白結束，就直接衝著我來，無邊眼鏡後，深藏在下垂眼皮的炯炯雙眼投出一道犀利的眼神。「我們真的可以在台灣吸引到一流的人才嗎？」他以左手習慣性地托腮，追問著。

「不行。」我不假思索地回答。

全場一陣騷動，下巴掉得滿到會議桌上。接著眾人紛紛搶發言，企圖挽救我這隻上次沒有因為一〇一事件而栽下來的菜鳥。這顯然是回答錯誤！怎麼可以這樣直白地告訴老先生，他的公司在台灣找不到一流的人才?!

「我想聽聽他怎麼說。」耐德先生一言九鼎地把七嘴八舌的混亂聲，輕而易舉地壓下去，那道目光仍然投注在我的臉上，看不出他的喜怒哀樂。

「台灣是一個非常淺盤的就業市場，金融執照有限，諸如銀行、證券、投資信託、投資顧問及保險。年輕人走出學校後，有心進入金融服務業的人，侷限於社會的既定價值觀和家庭的期望，首選是跨國銀行，其次是本國銀行，因為在台灣，大家都視銀行工作為鐵飯碗。銀行進不去，退而求其次的是去跨國證券，其次是本國證券公司。再不行，就考慮跨國投資信託、本國投信、跨國保險和本國保險。最後才會考慮我們這種跨國投資顧問公司。」我一口氣講完。

「哦！我第一次聽到這樣子的排序，挺有意思的。」耐德先生上身後抑，扭頭看看左右兩邊的人，再次聚焦在我身上問道：「社會價值觀和家庭期待？台灣的年輕人是依據這兩個標準，來選擇就業機會？」

「我知道這樣講來好像不太理性，應該有更實際可以量化的因素來考量。」我想乾脆豁出去了，一次把話說到底。

「這個排序還可以量化？」老富翁一聽到可以量化，眼睛為之一亮。

「可以的，就是每一個金融執照的最低資本要求。在台灣，一個銀行執照要上百億，證券公司至少十億，投資信託要三億，而一個投資顧問的執照只需要三千萬。耐德先生，我們在這裡只放了約合美金一百萬元做生意，僅僅只有一張最便宜的投資顧問執照。設身處地，由本地年輕人和他們的父母親立場來看，他們當然是希望進入一家資本雄厚的機構工作。」我適可而止地打住，穩健地回視那道由無邊鏡片望出來的眼神。

「我明白了。」

老先生放鬆了肩頭，雙手放在桌上，偏過頭對著亞太地區首席執行官說：「要是我們不增加在台灣的資本額，不去申請其他基金業務的執照，就沒辦法吸引一流的人才。這是個相對的關係。唯有投入更多的資本，才能彰顯我們對這裡的重視，我們也才有機會與別人一起競爭一流的人才。」

「你回去好好規劃一下，究竟需要哪些執照、資本要求是多少。等你準備好了，我一定馬上回來這裡和大家一起來討論。」耐德先生又是衝著我交代。

●●●

老先生再回來台北檢討增加在台灣的投資，決定是否申請證券和投資信託執照，是半年以後的事。

他氣定神閒地聽我分析增加這兩個執照，可以增加多少業績，而市場上的競爭對手又是如何安排他們的策略。這一次，他倒是比之前有耐心，專心地聽、仔細地問，沒有出怪招。

「照你的分析和規劃，我們應該花三億去申請一張投資信託執照，而有了這張執照，我們就可以發行以台幣計價的基金，也算是為我們的基金商品補齊一個新的市場和幣別。另外，再花三億申請一張經紀執照，在這張執照之下，我們可以幫助投資人去海外其他的交易所，投資在那裡的基金。」

耐德先生老練地跳到結論，沒有半點疏漏。

「所以你是要我總共拿出六億台幣，折合美金兩千萬，來台灣弄兩個新的執照。」

他直截了當地把六億元的投資額講出來。

我心想，目前他在台灣只放了三千萬台幣，折合區區一百萬美元而已，僅擁有一張功能極為有限的投資顧問執照。一下子跟他要美金兩千萬去取得「經紀商」和「投資信託」兩個執照，等於是目前放在台灣投資做生意股本的二十倍。

真是超級獅子大開口！

我心裡也早有準備，一是被他完全拒絕，一毛不拔。而如果運氣好一點，他同意在兩個執照中先申請一個，觀察成效之後，再循序漸進申請另外一份執照，針對循序漸進的可能性，我也做了沙盤推演，把二選一、哪個執照先拿到手、理由為何及經濟商業效益等，都鋪陳敘述，放在之後的資料中，視狀況和耐德先生的提問，再從容應對。

我銘記多年前的一位前輩告誡過：和老闆要錢做生意是最困難的事，一定要謙卑，謙卑，再謙卑！

就在一片死寂，眾人面面相覷，每一個人都明白最好別冒出頭來惹老闆注意的敏感時刻，亞太區的法務長——一個很學者氣質的英國人——不知道是哪根筋不對，竟然出乎我意料地以低沉沙啞的聲音說：

「在台灣，無論是經紀執照或投資信託執照，都是從事風險極高的金融服務。這個國家的法律、行政規章與客戶的權益，都是一個標準的新興市場。如果我們真的要去申請這兩份執照，或是其中一個，都要非常審慎地評估，把所有可能發生的法律相關風險表列出來。若我們沒有做好萬全準備、充分做好心理建設，及預估可能的財務損失、法令解釋的不同立場而衍生的罰鍰，我個人是不同意我們貿然行事。」

長篇大論之後，這位法務長舒了口氣，非常滿意自己堅定的意志與勇氣，能夠在這個關鍵時刻挺身而出，有這番深思熟慮的剖析。雖然是位含蓄的英國紳士，但是仍然不難看出他洋洋自得的內在。

實在不想要自己太小人之心，可是我忍不住猜想，這位法務長若不是已經和耐德先生套好了招，來演這齣戲，就是狗腿地揣摩上意，把這兩個執照打趴在地。如此一來，老先生就有一個冠冕堂皇的下台階，不用花那麼多錢來台灣做生意了。

又是一陣死寂，場面僵冷。

到了這個時刻，我心知肚明大勢已去，不要做垂死掙扎了。即便耐德先生是美國的十大首富，一下子叫他掏出比原先在台灣多出二十倍的錢，作為股本來做生意，也太強人所難了。

「你是個律師，永遠只看到負面的法律風險。幫我個老忙，立刻去協助他們準備兩個執照的申請，和看看投資的錢應該由我們集團的哪個單位來出，才合乎節稅的規劃！」耐德先生皺著眉頭，毫不留情地反嗆回去。

做完這個重大決定之後，耐德先生就匆匆忙忙地趕去後巷的廣東餐廳，說要帶一包港式飲茶的點心上飛機去吃。

既然要到了這麼大一筆錢，我忖度這次陪他一起去那家餐廳，表達一下我對他老人家的關懷，也不為過。

耐德先生拎著點心，緊扣著那個老舊的背包，與我並肩站在旅館內機場巴士候車區。我注意到他換上了那條上次來台北修補的卡其褲，故作輕鬆地問他：「這是那條褲子？」

「是呀。」他漫不經心地回應。

機場巴士到了，老先生禮貌地讓其他的候車人先上，臨要登車之際，他有備而來地轉身正視我的雙眼，說：「我們可以友好，但我們不是好友。我給你所要求的股本，你要給我你承諾會有的收入。賺錢，你分紅；賠錢，你走人。」

他說完後，對我眨眨眼，老頑童般地跳上車。

我忘了剛才我倆有沒有握手，也不知道該不該對著絕塵而去的巴士，揮手道別。

三島與奧美

「您沒有必要知道這麼多的細節呀！我都處理得穩當了。您是一個分行的支店長，應該有更重要的事情去煩心。」債券部門的主管三島幸江一臉不悅地對我說。

這種態度和語氣是非常粗魯無禮的，在日本公司的文化裡，我頭一遭碰到如此令我尷尬地下不了台的場面。

我點點頭，笑笑地踱步到另一個部門。三島的屬下個個低頭東摸西摸，假裝在忙，刻意不抬起頭來注意她對我說的話。

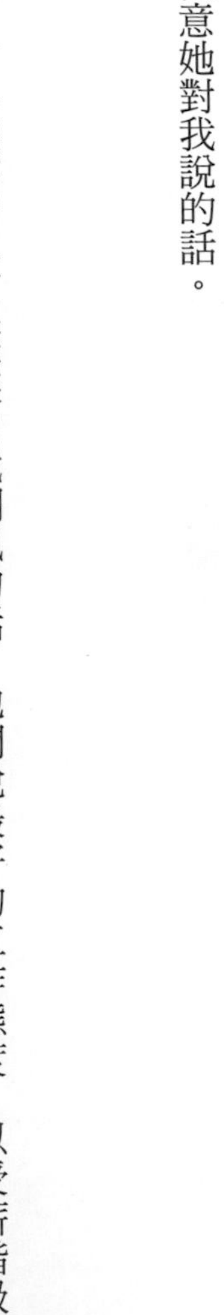

來東京不久，就聽到日本上班族自我嘲諷的話，他們說最好的工作態度，以受薪階級而

言，就是不遲到、不早退，也不工作。

起先，我以為這是個笑話，但是觀察一段時間之後，覺得這句話真是把一些日本上班族形容得淋漓盡致。當然有少數例外，但是絕大多數的上班族，都一早趕搭永遠準時的電車——男的，同樣的西裝和提包、好走路的軟底皮鞋，頭髮整齊，鬍子剃得乾乾淨淨，滲和著資生堂的男性香水；女的，嚴肅的套裝、昂貴的皮包，踩著難走的高跟鞋，頂著刻意吹燙過的頭髮，白粉抹到黃脖子領口，濃妝豔抹，香水灑了半瓶。

三島，卻是個例外。

她每天也穿套裝來上班，但是像相撲選手被硬塞進一件小一號的衣服裡。身形矮墩壯碩，一雙滿是肌肉的蘿蔔小腿奮力地駕馭著不是很高跟的鞋子。留著一頭清湯掛麵的頭髮，灰白夾雜，不染不燙。非常自信的素顏，一張銅盆大臉，粗暴的眉毛、平扁的蒜鼻，眼珠深埋在肥厚的眼皮後，沒有表達喜怒哀樂的習慣。

「三島是怎麼回事?!」我去找雨宮昭男，把被三島糗的事描述一番。

雨宮是個邊緣人，由於父親工作外派美國之故，他從小在紐約長大，高中時才回到東京，可是一口爛日語，讓他被霸凌得一塌糊塗。因為日文差，上不了好的國立大學，他只能在一所私立野雞學院混了張奇怪的文憑，但也因一口流利的美式英語，總算謀到我們東京分行的一份工作。

雨宮是日本社會中，典型的邊緣人：不日不西，長得是個像樣的日本人，一開口就穿幫，用字遣詞、音調和肢體語言等都不到位。美式英語固然悅耳，但缺乏財務金融的專業知識，翻譯起來也不到位。但他有個可取之處，就是可以冷眼看透許多日本人的謬誤。

「她在這裡工作超過二十五年了，對每一個人都不買帳，不是特別針對您一個人。三島對於業務滾瓜爛熟，幾百個客戶的電話全部記在腦子裡，任何交易的來龍去脈，她都如數家珍。她像是一本行走的百科全書，一部活電腦。」雨宮認真地解釋著，收斂起平常的戲謔。

我擔憂地問：「有什麼方式可以和她溝通？我真的需要了解日本國債的交易細節。一家分行，不能全靠三島一個人。萬一哪天她不幹了，我們不就掛點了？」

「三島難搞是眾所周知的，不過，在日本國債交易部門有一位奧美智子，她跟著三島很多年了，對於業務瞭若指掌，她可以回答您很多問題。」雨宮給我建議。

奧美身材嬌小，皮膚粉嫩透亮，超乎尋常的白皙。寬廣的額頭，月彎秀眉下有一雙清澈烏黑的眼，鼻子、嘴巴都秀氣含蓄，說起話來輕聲細語，是個標準的日本公司的女性工作者，柔順斯文，教養大方。她可以和三島配合，我猜一定吃了不少苦頭。

為了給身為主管的三島留面子，我不能直接找奧美來問東問西，就叫雨宮安排一場會議，邀請三島和她的直屬部下們一起來討論下半年的業務展望。

在一群人當中，三島是最資深的主管，她的屬下們也都察言觀色，謹守分際，不敢逾越搶話。

在筆電當道、資訊橫行與全天候交易時代，有些會議可以容忍與會者大剌剌地在面前擺個豎起螢幕的筆電。三島就是一個被電子資訊拴死的人，她的兩隻眼睛無時無刻不盯著快速移動的市場報價跑馬燈，手指似乎被三秒膠黏死在鍵盤上。這種習慣也方便了日本人逃避與人接觸，減少面對面溝通的壓力。

「三島女士，你不要拘束，儘管注意日本國債市場的變化，有些討論的話題，我們可以請教奧美。你的手、腦及耳朵三重併用是出名的，聽到任何需要補充說明的地方，你隨時插進來吧！」我給三島下台階，也給了奧美上台的理由。

整整兩個小時的會議，三島出聲補充說明的時間不超過十分鐘。奧美獨挑大梁，鉅細靡遺地介紹日本國債部門的交易流程、庫存債券的保管，並倡議提高質借功能。

「長期持有的國債與一般日本公司發行的債券，與其擺在保管銀行裡，不如有效地拿出來，借給需要放空或提供擔保品的法人客戶。這樣子可以增加持有長期債券的收益。當然，前提是來借的客戶是否穩當。」出乎意料之外，奧美把質借債券的話題丟上了會議桌。

文靜的奧美居然有這種膽識，敢提倡債券的質借功能，我預料三島一定第一個帶頭反對。沒想到，三島不僅沒有反對奧美的提議，還進一步地加強說明：「可以把我們手上計劃長期持有的債券，借給經過嚴格審查後篩選出來的客戶。這些客戶在金融市場交易上或是在競標重大工程時，需要提供特定的國債或是某種等級的公司債，來符合交易或競標資格。」

「既然是我們要長期持有的，所以短期之內沒有出脫的打算，在這段期間把這些債券借給客戶，可以收取質借的費用。如此一來，一張債券，我們既可以繼續收到本來就該給付的利息，又可以多收一筆借出去後的費用。一魚兩吃。這就是你們認為可以增加收入的方式。」雨宮很得意地做出總結，急切地證明他也在行。

「客戶把我們的債券借去了，會不會還回來，是這項業務最大的風險考量。」奧美看著三島說，而三島也頻頻點頭同意，看來她們兩個人早有共識了。

紐約總行有一個團隊專門在處理債券質借的業務，他們經年累月地評估借券客戶的風險，已發展出一套完整的控管機制和系統，是這項業務的個中翹楚，在同業裡享有盛名。我和這個團隊的負責人有相當的交情。

「三島，你顯然對這項業務很有興趣和信心，我建議你去一趟紐約，與我們總行的團隊切磋一下，吸收他們的經驗，花一個月的時間，把他們的作業流程和系統學好帶回來，我們不必從零開始。」我說完後，所有人都瞠目結舌地看著我。

隔天，三島一大早就來見我，規矩地坐在我面前，雙手平放於大腿上，上身前傾十五度，恭敬地說：「我一輩子也沒想過可以有機會去紐約取經，我非常受寵若驚，也很感謝您。但是有些事情，我必須要現在告訴您。」

「什麼事？」我邊問邊忖度，三島一則是不想丟開東京的工作，不願意去，或者是擔心自己的英語不夠好，無法勝任這個使命。

「離開一個月，是滿久的，要學習建構紐約質借的作業流程和系統，這是必須要花的時間，我會全力以赴。不過，我是否可以每天打電話回家？」她低聲下氣地問。

「當然可以啦！這有什麼好擔心的？你本來就應該向家人報平安。」我心想三島真是矯情。聽到我爽快地回答，三島眼眶泛紅，娓娓道出了心裡的話。

原來，她是個單親媽媽，有一個正在念高中的十七歲女兒。這個女兒的半邊臉上有紫紅色胎記，所以在學校裡受到了許多嘲弄，學習成績和同儕人際關係都差，老師們更是動不動就要求三島去學校面談。但是，三島往往都只能下班後再趕去學校，老師被迫留在學校等待，因此諸多怨言，對三島的女兒也更沒有好臉色。因果循環，她的女兒也更視上學為畏途。

日本社會對單親母親是不寬大的，認為三島應該花全部的時間來呵護有胎記的女兒。前夫一走了之，三島一肩扛起家計，銀行這份工作不容許三島遲到、早退。女兒下課回家後，三島還沒有下班到家，鄰居們也議論紛紛，使得母女更形孤立。

「所以我要每天和女兒通電話，這樣我才能放心。」三島的頭已經垂到胸前。我完全沒想到，她竟會如此坦率地把自己的情況告訴我。

在三島去紐約那一個月期間，債券部門的業務由奧美代理。她的管理風格親切和善，與其他部門之間的溝通、協調也井然有序。

「三島會不會怕奧美取而代之？」我私下向雨宮打聽。

「說也奇怪，照理說，三島應該會防著奧美，可是這一次的全權代理是三島自己提名安排的呀！」雨宮也很納悶。

三島回來後，立刻與奧美一起積極地進行借券業務的開辦，也風風火火地如期完成所有工作，讓我們成為東京第一家推出債券質借的外商銀行。

「請問……我能不能進來打擾您一下？」奧美站在門外。她沒有和我的助理預約時間，就直接來問我。

我回道：「進來，進來，不用拘束。」

奧美小心翼翼地把門關上，轉身立定，雙手遮上一個白色絹繡的布封套，然後手掌交叉半握於腰際，九十度鞠躬，同時恭敬地說：「這件事要麻煩您幫忙了。」在這個精緻的布封套裡，有她的履歷、半身及全身和服照片、全家的戶籍謄本和一份自傳。

「我交往三年的男朋友考慮來提親，他的家族會委託徵信公司來調查我，所以下個禮拜，可能就會有人來與您約時間，以確認我的工作和在銀行的風評。」奧美悠悠地解釋。

「太好了！先恭喜你。非常高興你要結婚了，我一定會向徵信社的人好好稱讚你一番。希望你不要一結婚就辭職不幹了。」

「這已經是第三次了……之前的兩次都沒有成功。」奧美低頭說著。

「什麼第三次？」

「我之前交往過兩個男友，也都論及婚嫁了，但是經過徵信之後，他們都決定不要娶我。」

「為什麼？」

「因為我是第三代韓國人，從戶籍謄本的記載上看得出來。」她回答的語氣急促，顯得很緊張，接著只說一句：「一切拜託您了。」慢慢地開門離去，留下錯愕的我。

我耐心地等待，三個星期過去了，沒有什麼徵信社的人來跟我接觸。奧美一如往常，每天光鮮亮麗地上下班，認真和同事們共事，是個不折不扣的東京粉領族，聽說平常的社交活動也多采多姿。

自從上次的告白之後，從紐約回來的三島又隱身於她銅牆鐵壁的內心世界，除了業務上的問題，不再多談其他的事。雨宮也仍然每天三包菸地猛抽，見人就咧嘴傻笑，彎腰駝背地打躬作揖。

日子就在東京焦躁急速的步調下，流轉消逝。

一天，人事主管櫻原一臉嚴肅地宣布：「這是一項新的人事政策，我們要精簡人力，必須對所有目前非正職的約聘人員進行考核，來決定是否以正職繼續雇用。簡單地說，就是臨時的約聘人員夠格，立即可以轉正，否則就裁撤。」

這道人事調動命令是針對東京的一項特殊做法，每一個部門都至少有一名臨時約聘人員，以一年一聘的方式續約。約聘的原始精神是因為特定的計劃和方案需要額外的人力或技術人員，於是在正職人員之外，加雇人手。當該計劃和方案結束後，約聘員額就該歸零。

竹山靜香是個道地的東京大手町女職員，近四十歲，身形瘦削單薄，臉色蒼白，永遠帶著歉意的笑容，低頭碎步地在辦公室忙進忙出。她是三島那個部門的臨時約聘雇員。

「為什麼竹山的名字被擺在第一位？」為了避免碰三島的釘子，我先找雨宮來打探一下。

「哈！竹山幹這個臨時雇員的工作超過十八年了。她剛從學校畢業就進了三島的部門，所以她是最資深的臨時工呀！」雨宮哈哈大笑起來。

「竹山有什麼問題？為什麼一直升不上正職？」

「哎呀，這個問題很困難哦！恐怕只有三島才有資格回答吧。」雨宮搓著雙手，微微抖腳，一副沒有出息的表情。

我覺得他一定知道的，只是沒有膽子告訴我。

在走廊上，遠遠看到奧美從電腦主機房走出來，拿著筆電，手機夾貼在耳朵和肩膀間，邊講邊鍵入資料。她一瞅見我，立刻關上手機，合起筆電，禮貌地鞠躬致意。剛好周圍沒有什麼人，我放慢腳步，駐足示意有話要和她說。大概以為我要問男朋友的事，奧美臉漲得緋紅，十分不自在。

「竹山為什麼一直沒有轉正？」我直截了當地問，一方面也讓奧美知道我不是要觸及她的個人事。

「竹山工作努力，我們大家都很滿意她在我們部門的貢獻。」奧美給我一套日本的官式回答。

既然雨宮不敢講，奧美也閃避，我知道去問三島也是白費功夫，只剩下在例行的週會上討論了。三島說，她會去徵詢她部門裡的每個人，看看大家的意見如何，再來決定竹山是否夠格轉正。又是一個四平八穩的答覆。

而到了下一次的例會，三島在會中報告說，他們債券部門的共識是竹山的專業仍嫌不足，所以決定中止續聘竹山。但他們仍然會去招聘一名臨時人員來接替竹山的工作，因為人手真的不足。

「三島，竹山做了十八年，你們仍然認定她的專業能力不足，一則是竹山能力有限，再則是你們沒有用心培養及訓練。這次再招聘的人，務必確認能力夠，而且你們要有一套完整的訓練課程。我們試用半年，就要評估轉正與否，十八年的臨時約聘是一則笑話！」我嚴正聲明。

過了一陣子，某天，我不經意地閒逛到三島的地盤，果然看到一名新人，看來初出社會，一臉稚嫩，身上穿著剛買的西裝，鞋子也應該還在磨腳。除了過量的髮膠外，看來是個篤實肯幹的年輕傢伙。我想三島應該是把我的話聽進去了，找了一個男生來培訓。

別的部門幾乎也都如出一轍，中止原來的臨時人員，提供強而有力的理由，再招募一名新的臨時人員頂替留下的工作。

我耐著性子等上半年，時間一到，立刻追蹤轉正的決定。

「哎呀！非常遺憾，這個年輕人沒有達到預期的表現，我們決定中止聘用他，再努力物色一個新人。訓練年輕人真不容易啊！」三島神態自若地回答。

其他的主管們也都跟進，無一例外。

我知道被耍了！可是，實在不知道他們在搞什麼花樣。

雨宮的部門是唯一的例外，沒有臨時人員，找他沒有用，問不出所以然來。

我只好再去找奧美，直接打電話問她究竟怎麼回事，她仍然依樣畫葫蘆地把三島的回答重複一遍。

「當初大家覺得竹山的專業能力不足，你也同意嗎？」

「噢，她真的需要再努力。」奧美毫不猶豫地回答。

結果，在隔月的例行會議上，三島居然報告她決定把竹山再找回來！她解釋說，由於年底的交易峰期將至，人手不足，她擔憂會出差錯，找熟手竹山回來是唯一的選擇。她還高興地說，幸好竹山過去的半年都蹲在家裡，所以可以馬上回來上班。

「那太好了，終於可以用正職把竹山找回來了。」我天真地以為如此，心想：三島，你們這幫人不能再欺負老實人了。

「噢！我們部門的共識是以每半年一次的約聘方式，把竹山找回來。」

「觀察半年後，夠格的話，就會立即轉正了嗎？」我緊迫盯人地問。

「那要看竹山是不是夠努力了。」三島平靜地回答，奇怪的是奧美在旁邊點頭同意。

我知道自己踢到了鐵板，當天下班後，便拉著雨宮去東京車站那間老師傅的壽司吧，灌他兩瓶啤酒，湊近幫他點上一根菸，輕鬆地問：「他們把竹山找回來，究竟在搞什麼名堂？」

雨宮借酒壯膽，終於願意開口了。他先是一再強調不可以洩露是他告訴我的，接著才緩緩地說：「光看日本的工業、電子產品，這個國家非常先進。但是辦公室裡的管理文化，卻有如腐敗落伍的石器時代。」

雨宮告訴我，在每一個部門裡，都有一個「賤民」，這個人就是要做所有別人不喜歡做的雜事：倒茶、煮咖啡、跑影印機、叫外賣、領文具、抄謄文件、鍵入資料……凡是枯燥乏味，機械式死板的工作，都一腳踢給這個人。

竹山，就是這樣的角色。

「升成正職又何妨？竹山仍然能做這個打雜的工作，但至少她的保險福利可以合理一點。」我打抱不平地說。

「竹山都幹了十八年的賤民，甘之如飴，他們部門裡也已經有了一定的生態平衡。若把竹山轉正，破壞了這種平衡，有的人會不知所措。竹山一旦成了正職，債券部門的人會不知道該不該用比較尊敬的方式和她說話呢！」

雨宮說著，咕嚕灌了一大口清酒。

「我在高中時代就是班上的賤民，後來上大學、出了社會，到現在偶爾在街上撞見高中同學時，大家不知道怎麼應對，只好假裝不認識，擦肩而過。」

雨宮訕笑起來，看不出來他是在笑自己，還是悲憫竹山。

「所以半年後，三島會抹著臉回來告訴我竹山不可以轉正，然後去弄一個年輕人來裝樣子，再叫竹山回來，周而復始地玩這樣的遊戲嗎？」我不可置信地問。

雨宮忍不住把酒杯重重地敲在吧檯上，壽司老師傅手上的生魚片差點拽出來。

他轉過頭來對我說：「我就是我們部門的賤民，當了十二年！直到前任支店長威廉先生覺得我英語講得流利，可憐我這個傢伙，才在他調回紐約前硬把我轉正的。除非您自己有魄力，否則竹山不可能在三島手上轉正。」

目送雨宮鑽下地鐵站，我走在五光十色、絢爛奪目的霓虹招牌燈火下，心想一定要把竹山轉正。但同時又擔心會弄得債券部門生態失衡，雞飛狗跳，影響到業績。還是得小心謹慎地處理這件事，不可衝動，亂了方寸。而且我不能只堅持要竹山一個人轉正，其他部門的主管會冷眼旁觀。

●●●

結果，這件事還沒有解決，我就被通知要調去香港。好一段時間交接舊差、準備新差，忙得喘不過氣來，完全無暇去思考竹山的事。

「我可以占用您十分鐘的時間嗎？」我留在東京的最後一天，三島打電話來。

「可以呀！我在辦公室，你隨時可以來。」

我在心裡盤算，三島這是自投羅網！今天，我一定要她做出讓竹山轉正的承諾，而且要我還在東京的時候，就正式發布人事令。

「可不可以麻煩您到三樓來？我已經預約了會客室，這樣比較隱密。」三島客氣地邀請。

下樓時，我反覆思考著，該用怎樣的語氣跟三島談竹山的事。

一見我走進美侖美奐的會客室，三島立刻起身行禮，手中拿著一幅卷軸，臉上堆滿笑容說：「這幅卷軸是我父親寫的，要送給您。我父親是家鄉的書法老師，知道您要離開日本，特地為您寫下這三個字，希望能帶給您好運道。」

三島小心翼翼地攤開橫寫的卷軸，上面工整地寫著三個字「福祿壽」，筆力粗壯豪邁。

「您讓我去紐約，又同意我可以每天和女兒通電話，我銘記在心。」三島誠懇地說。

我手捧著卷軸，看著三島刻意道別的樣子，一時之間，不知道要不要提竹山的事，三島卻主動提了。

「我知道您很在乎讓竹山轉正的事。我已經盡力在部門裡與所有同事們溝通了，只剩下一位堅決反對，一旦全員同意，我會馬上把竹山轉正。您放心去香港吧！竹山轉正的那天，我會第一個發電子郵件通知您啦！」她語氣爽朗地告訴我。

「是誰在堅決反對？」

「您已經要走了，告訴您也無妨，是奧美。」三島簡潔有力地說。

「為什麼？」

「大概是因為結婚受挫，而導致對弱勢者的一種報復心理吧……」

與三島話別後，走回辦公室的路上，我仔細思考著：

單親的三島，有一個在掙扎中成長的女兒。她的強悍和冷漠是武裝自己的最佳方式。對於被糟蹋成賤民，可是有一口流利美式英語和作風的雨宮而言，嘻皮笑臉是一種理想的角色扮演。

至於奧美，外表是亮麗的粉領族，卻暗藏著無節制的殘酷報復心態，令我不寒而慄！

臨赴香港，由飛機的窄小窗子俯看著漸漸消失的東京——待了將近六年的時光，此地對我來說，仍舊是一個陌生的國度。

渡邊和三井

「我是日本防衛大學畢業的。」渡邊殷切地自我介紹，接著說：「下部隊五年，終於意識到沒有戰爭的可能，我去紐約大學弄了個ＭＢＡ。回國後，就在這家美商的投資銀行打工。」

「防衛大學？」我頭一回碰到念這所大學的日本人，不禁好奇地問。

渡邊的身高不滿一六〇公分，短小精悍，兩眼炯炯有神，五官輪廓端正分明，嘴角明顯下垂，一副隨時要打架的德性。留了個「All Back」的油頭，造型頗吸睛。

他看出我的好奇，雙手握拳端放大腿上，頭頸肩背呈十五度角前傾，眼睛看著自己的鞋子，幾近憤慨地說：「防衛大學就是日本的軍官學校，因為戰敗後，不准許再武裝，所以只好叫這個奇怪的校名。一切的軍事化課程和訓練卻是沒有妥協的，和戰前的三軍官校一樣認

真嚴苛。」

「當初你怎麼會去念那裡？後來又為什麼離開自衛隊？」

「因為愛國主義！北方四島沒有拿回來，蘇俄隨時可以南下占領日本。我一心要保家衛國，便自願去北海道，整天在沙灘上騎摩托車，練習各種射擊，可是見到蘇俄的米格二十七戰鬥機無所顧忌地在我頭上飛來飛去，我才知道自己太天真了。」

「所以你就痛改前非，棄甲從商？」

我忍不住調侃這傢伙一下。

他沉痛地說：「我對國防政策和軍事訓練完全失去了信心，沒有中心思想，不知為何而戰，我不可能再浪費生命。」

渡邊是東京分行的搖滾巨星，業務獨占鰲頭，一個人單打獨鬥，早出晚歸，整天頂著一個油頭奔進奔出，拜訪客戶，說明交易結構。

對客戶的要求，他擁有拚命三郎式的服務熱忱。平常也是獨來獨往，很少看到他和其他同事下班後去喝酒廝混。

我到東京前，就耳聞渡邊這號人物了，但我刻意地不馬上找他聊天，把他曬上一陣子，看看他會不會主動來找我，好挫挫他的銳氣。

頭幾個禮拜，他在我面前晃過幾次，在例行會議上也謹守分際，沒有太多的發言。

直到雷曼倒閉③，使渡邊的客戶損失慘重，他主動提出要和我商量解決辦法，我們才第一次有了一對一好好談話的機會。

不過，當然沒有任何立即有效的方法，可以讓渡邊的幾位大客戶解套或停損。他們持有雷曼的債券，一家宣布倒閉的公司所發行的東西沒有流通性，市價趨近於零。唯一的選擇就是耐心等待清算之後的結果，再來參加債權的分配。

「所以現在是一籌莫展，沒有任何解決方法。」我不得不承認我們的困境。

「可不可以讓我安排您去和我的重要客戶——大和證券的鈴木社長打高爾夫？有支店長出面，他們會比較容易接受目前的狀況。」

這要求非比尋常，渡邊一向把他的客戶攬在懷裡，不輕易放手讓其他的人接觸。顯然，他對客戶的損失和眼前債權回收的不確定情況，十分忐忑不安。

然而，在一場會議上，三井如往常般，一派安逸自在地提出了另類的看法。

「客戶因雷曼倒閉而遭受損失，一定心焦如焚。在這個時間點上，我們應該想辦法提出其他的投資機會，一方面可以彌補客戶在雷曼上的損失，再者，可以移轉他們的焦慮。現在沒有什麼必要一直去安撫客戶，這種動作只會加深他們的疑慮。」

三井是東京大學畢業的典型菁英，有著玉樹臨風的修長身材，微鬈的濃密頭髮，慈眉善目，經常帶著悲憫微笑，個性豁達開朗，也超乎想像的謙卑。

「所以你覺得客戶可以把損失擺在一邊，甚至還有興趣考慮新的投資機會？」渡邊坐立難安地對著三井咆哮。

三井和渡邊不和，老早是公開的祕密了。他們倆的行事風格南轅北轍。

三井喜歡自我解嘲，無論什麼大事，到了他眼裡都不是問題，「船到橋頭自然直」是他的人生哲學。他精於茶道、會寫書法、懂得欣賞能劇，並且會設計庭園，另一個嗜好則是研究古埃及文明。他每年都安排近兩個禮拜的時間，去埃及實地研究，拍照做紀錄，回來日本之後，再整理成冊。我曾經問過三井：「花這麼大的功夫，所求為何？」他回答：「這是一種無法自拔的謬思。」

渡邊則把高爾夫球和劍道視為同一件事，皆投以全然的專注，致命地一擊，不容許有絲毫鬆懈和誤差。「勇往直前，不畏艱險，不達目的絕不罷休」，是他的座右銘。

在日本同事之間私下流傳著一個笑話，說渡邊的嗜好是與高大的洋女人結婚和吃麥當勞。他的第一任老婆是在紐約讀書時娶的美國同學；第二任是他回日本後，生病住院時認識的英國護士；現在的妻子是位英語老師，澳洲女人。每離一次婚，他就為贍養費被扒一層皮，只

③雷曼兄弟控股公司（Lehman Brothers Holdings Inc.）原為美國第四大投資銀行，卻於二〇〇八年九月宣布破產，債務高達六一三〇億美元，創下美國史上最大金額的破產案，並牽連眾多相關企業嚴重受創。

好三餐吃麥當勞，連吃了一年。

三井刻意避開渡邊的一雙怒目，看著大家，慢條斯理地說：「那要看你怎麼跟客戶溝通和解釋。雷曼的清算程序，最快也要花上三年的時間，甚至更久。如果接下來的三年，我們都只在安撫客戶，恐怕不是最好的策略。」

「我不能接受用這樣的方式對待客戶！我們應該要有積極的行動。」渡邊的聲調仍然高亢。

我跳出來充任和事佬：「對於如何處理客戶在雷曼的投資情況，我們私下再研究一下吧！」

日本人間的矛盾和歧見，不是在一個公開的場合或會議中可以消弭的。他們的互動模式裡，沒有開誠布公的文化和習慣。會議只是把私下已經妥協的結果，照本宣科而已。

我邀三井到他上次介紹我去的一個小酒吧，坐上實心杉木吧檯。白西裝黑領花的酒保恭敬地當面表演手削八角冰磚，再溶入大小切合的水晶酒杯，斟上二十五年單一麥芽蘇格蘭威士忌，相映水晶燈下的黃金色澤。這樣的氣氛，三井的話匣子才會打開。

「渡邊邀我去跟大和證券的社長打球，你怎麼看？」我故意試探一下。

「千萬不要打贏客戶呀！打得愈爛愈好。打完球後，如果要一起吃飯，喝了一杯啤酒就趴在桌子上，表現出累得很沒有出息的樣子。」

三井對待客戶很有一套，每一個客戶都能很自在地與他相處，對他的建議也是言聽計從。他很少在客戶面前賣弄學問，即使再複雜的財務結構，他也僅是三言兩語，引導客戶自己去下評論和結語，然後為他們喝采。一切正確的決定和榮耀，皆歸於客戶本身的睿智與先見。

我和三井一起去見過不少重量級的日本老闆，他有百分之九十的時間，都在向那些資深的日本前輩討教該如何泡好茶、寫好字、吃好壽司和品好酒。三井寓文化於商業之中，悠閒平穩，謙沖隨和，無時無刻不抓到自我貶抑的巧妙點，博得轟堂大笑的滿堂采。

「大和的社長，你也有所耳聞，是個難搞的傢伙，如果他一直針對雷曼的事緊咬不放，該如何應對？」

「大和社長鈴木先生早年曾派駐上海和天津，聽說對中國文化和詩詞下過苦功，自詡是個中國通。不如投其所好，多引導他發表有關中日詩詞相關的想法，他應該就不會死盯著你扯雷曼的頭痛問題了。不過，你不要自己先打瞌睡哦！」三井不改常例地逕自哈哈大笑起來。

到了與鈴木社長相約的這一天，一大早便聽到窗外有引擎聲誇張地吼叫著。我定睛一看，原來是渡邊開了輛很酷的超跑來，揮著手喚我上車。

與其說是上車，不如說我是橫躺著爬進一張低矮窄小的椅子。

我氣喘吁吁地說：「球場有多遠？憋在這種空間裡，腰痠背痛的，我等一下可能打不了球！」

渡邊身穿海軍藍鑲金銅釦的休閒西裝外套，雙手緊握方向盤，話不多，兩眼專注地盯著前方，一路狂飆在東京往富士山方向的河口湖高速公路上。

憋了一大段時間之後，他才開口說：「大和證券手上有很多雷曼的債券，都是聽我的建議下手投資的，現在卡住了，他們帳上的損失慘重，社長可能會因此下台。今天鈴木社長同意來這場球敘，事關重大，如果他一定要我們提出應對方案的話，我真的不知道該如何因應。」

「你不要太緊張，我來撐場面。你好好打一場球就是了。」我胸有成竹地回答。

大和鈴木社長所屬的高爾夫俱樂部貼在富士山山腳下，會員非富即貴。車子停定後，眼看一名頭戴英國高禮帽、身穿燕尾服的經理急促地趨前來開車門，但他望了我一眼，立刻打了一個恭敬明確的手勢，示意我不要下車。

「怎麼回事？」我不解地問渡邊。

他回答：「來到這裡，如果沒有穿著整齊的話，是不可以走進俱樂部大廳的。」

「你怎麼不早一點告訴我！」我惱羞成怒地嗆他一句。

那個高帽子經理拎了件西裝外套，小跑步過來，雙手遞進車窗，口中喃喃自語地說：「這應該是你的尺寸……」

半斜躺在跑車的座椅上，要穿上西裝外套是件艱鉅的任務。我狼狽地努力套上那件青蘋果綠的窄小外套，連跌帶爬地滾出車門外，耳邊隱約聽到縫線撕裂聲。

「啊，終於等到你們了，歡迎歡迎。這件外套……很眼熟啊！」鈴木社長不顧渡邊試圖進行的日式介紹程序，逕自上前與我握手寒暄。

身材中等的他，髮際微禿，顯現出高亮的額頭，眉宇之間的確有文人氣質。應該年近花甲了，看得出來是在公司裡一步一步爬上來的員工。貌似平庸，鼻梁上掛著玳瑁眼鏡，含蓄地表露著低調奢華。

循慣例，先吃早餐，接著才開始打前九洞。我們隨著鈴木走進朝陽燦爛的露台餐廳，放眼望去，相映富士山，是一片綠草如茵的球場，令人感到心曠神怡。然而，眼見穿著青蘋果綠上裝的侍者安靜地穿梭於桌間，縱使有眼前的美景及滿桌豐富的食物，我卻都覺得索然無味。

「能有這樣的天氣打球，真是幸福！」鈴木開心地說。接著他又若有所思，頭偏一邊，咧嘴倒吸一口氣說：「如果沒有雷曼的頭痛問題，該有多好！」

渡邊急切地要補上一句道歉的話，我搶先一步，依照三井的開示遞上了一根又粗又長的古巴雪茄，岔開話題說：「坐在露天的地方，最適合抽上一口這樣精緻的菸草。」

鈴木是有備而來，他隨身攜帶剪雪茄刀和防風打火機，忙不迭地把雪茄點上，啜著早餐後的咖啡，滿意地吞雲吐霧，聊起雪茄經。

走出俱樂部大廳，開始打球前，我立刻脫下西裝外套丟還給球僮。

認真不愛輸的渡邊完全專注在每一次揮桿上，仔細觀察球道的設計，無暇顧及鈴木和我。這也給了我充分的空間來安撫鈴木。果不其然，鈴木同意應該積極地向前邁進，看看有什麼合理的投資機會，來彌補既有的損失。

打完九洞之後，我們魚貫進入球道邊的餐廳，坐下來吃午餐。不再需要穿那件青蘋果綠上裝之後，我胃口大開。

富士山邊的天氣是詭異多變的，就在談笑之間，突然烏雲密布，緊接著便是滂沱大雨傾盆而下，我們別無選擇，只能耐心等待雨停。我再遞上一根雪茄，乘機輕鬆地提了一些投資標的，渡邊也機靈地在一旁幫腔，不時地點頭同意我的建議，一搭一唱，在雪茄的青煙裊裊之間，雨停了。

「雨過天青，我們出發去打後九洞吧！」我望著窗外興奮地敦促。

「雨過天青？」鈴木很快地反應問道，接著說：「你們中國人是看著天說話，我們日本人是對著地述說。我們在意地乾了沒有，雨剛下完，我們會等地乾穩固才再開始打球，所以我們的說法是『雨過地固』。」

渡邊和我立刻狗腿地贊同「雨過地固」的態度比較務實。鈴木啣著雪茄，醺醺然地領著我們去繼續下半場的球敘，完全將雷曼的損失拋諸腦後。

回程途中，渡邊放慢了車速，話仍然不多。

我下車時，他繞過車尾，挺身立定，緩緩地說：「非常感謝您的支持，花了一整天的時間，大和的問題算是解決了。」然後鞠了一個九十度彎腰的大躬。

我告訴他：「你應該去向三井致謝。今天的雪茄、安撫策略和日中成語的比較，都是請教他的。」

儘管如此，渡邊和三井的緊張關係並沒有改善，他們仍然在許多議題上針鋒相對。渡邊並沒有因為大和問題解決了，而對三井表示善意。三井仍然是雍容大度，以對事不對人的方式客觀分析業務發展，在同事和客戶間運作得怡然自得。

半年後，一件驚天動地的大事發生了！

「我有個不情之請。非常抱歉，來要求你這樣的事情。」

鈴木社長邀請我去吃吧檯壽司，正當我倆並肩看著師傅熟稔的料理手法時，他突然壓低聲音對我說。

「如果可以的話，是不是能把渡邊調開？大和希望能有一位比較容易相處的人來服務。渡邊最近一直在強力推薦幾個投資商品，我們一再強調會謹慎考慮，可是他似乎沒有什麼耐性。不知道是什麼原因，渡邊不太像之前的他，可能是太西化了吧？」鈴木點到為止。

在日本被顧客指名替換，是羞恥到要切腹自殺的。大和證券是渡邊的心頭肉，更是他的主力客戶。聽到這個突如其來的要求，我一時不知所措，只能虛應一番，不敢當下承諾。

「怎麼辦？」隔天，我立刻拉著三井問。

我們並肩坐在銀座的一個壽司吧檯前，這裡也是我初到東京時，三井介紹我來的地方。他告訴我，在日本，最高境界的飲食方式就是坐上吧檯，恭敬地對師傅說：「今晚承蒙您照顧了。」而選用何種最新鮮的食材及排序先後，則完全信賴師傅的巧手打造和精心地挑選、策劃，這樣才能無拘無束地享受美食，同時又可以盡興談話。

「一定要想出一個委婉的處理方式。渡邊是我們的頭號戰將，鈴木的要求太過分了！雷曼的清算還沒有結果，就算是渡邊操之過急地引介新商品，也不構成替換的理由。」三井邊盯著忙碌的壽司師傅，邊對我說。

「怎麼委婉？」

「我來安排一場茶會，邀請鈴木社長、你和渡邊，我們一起坐下來，喝茶聊天。我有人脈，可以去借用根津美術館的茶室。」

「拿什麼名目去邀請鈴木和渡邊？」

三井胸有成竹地告訴我，日本的茶道有八字箴言：「和敬清寂，一期一會」。「敬」這個字，代表主客之間互敬互重，謙敬的感覺。「一期一會」，代表這場茶會，這一輩子只有這一場，即使日後再相邀舉辦茶會，也不是當下的時空背景了，參加者領悟到這次相會不可能重來，是一輩子只有一次的相會。三井強調，在「敬」和「一期一會」的精神下，以茶會之名下帖邀請，鈴木和渡邊不會失禮拒絕的。

古樸的茶室，隱藏在鬱鬱蒼蒼的根津庭園裡，我們四人席地而坐，享受早春的清冷空氣。三井穿著正式的全素黑和服，一本正經地開始進行茶道，烹煮上茶，有條不紊。看得出來鈴木社長本身也是茶道的個中老手，他聚精會神地觀察三井動作的每一個細節。渡邊就顯得毛躁。他不習慣長跪的姿勢，但是礙於鈴木社長熱衷參與，他也只能捺定性子。早春的風時大時小，根津庭園裡的樹高大濃密，隨風搖曳。陽光穿透枝葉，慵懶地鋪灑在屋簷下的緣廊上。

「樹欲靜而風不止。」我看著樹影婆娑的緣廊。

「子欲養而親不待。」三井接了下一句。

「子欲餵而親無齒。」渡邊也打破沉默，搶白一句關於孝道的日本俗語。

「從這三句話可見，中國人的確比我們日本人優雅，先有樹木搖曳不息，來形容人不可違逆天地自然運行。『養』這個字含意深遠，包括物質上的奉納和精神層面上的安慰。『不待』，來描述父母年邁是必然的。我們日本人用『餵』和『無齒』，真是粗俗不堪！」鈴木坐正身子，感慨萬千地說。

渡邊顯得格外不安，豆大的汗珠由後梳的髮際滲出。他想要再多作解釋，但鈴木社長有意無意地忽略他，繼續和三井討論起書道。

直到茶會結束，渡邊都沒有什麼適當的機會發言。

茶會後上班的第一天，渡邊就來找我，對我說：「大和的鈴木社長已經擺得非常清楚了，我不適合再繼續為他們服務。我應該尊重主客的互敬互重，以及一期一會的緣分。與其讓鈴木社長再採取更明顯的表態，我應該主動退出，這樣是最好的決定。」

說著，他反倒釋懷了。

同樣的壽司吧檯和體面、認真的師傅，三井和我並肩而坐。我淺酌一口清酒問：「渡邊真的那麼敏銳，可以意識到鈴木社長的感覺？」

「鈴木社長喜愛古巴雪茄，醉心於茶道和中國詩詞，是市場上眾所皆知的事。渡邊作風西化，忽略了如何去迎合鈴木社長的嗜好，也操之過急地去強力推薦新的投資機會。但渡邊畢竟是聰明人，他在茶會中的觀察是敏銳的，否則他今天可能還在北海道的沙灘上騎摩托車、打米格戰機呢！」三井輕舉起酒杯向我致意。

「我該把大和交給誰來負責？」我看著三井問，盤算著他應該會主動表態要接收這個超級大客戶。

「渡邊是主動退出大和的，你應該尊重他，去徵詢他的建議。這樣子才能確保客戶交接順利，新人也才容易上手。」

「你不想要這個客戶？」

「我幫鈴木社長烹煮茶，陪他聊書法和詩詞。至於處理大和投資的重要工作，應該由比我能幹的人去擔綱。當然，我最重要的工作是下次和鈴木社長打球前，提醒你去買一件合身的青蘋果色西裝外套！」

三井和我相視著哈哈大笑。

淡泊的三井，濃烈的渡邊，想要搞清楚大和民族的精神，可能也是一種無法自拔的謬思。

瑞士十年

「各位旅客，本班機即將降落在成田機場，請繫好安全帶，豎起椅背。並且再次感謝您搭乘日本航空的班機。」

日航空姐銀鈴般清脆柔美的聲音，把我從因氣壓變化而昏昏沉沉的狀態中喚醒。轉頭看看窄小的窗外，一片銀色。我回想起準備來日本前，曾與湯姆在紐約見面，他瞪著一雙藍眼睛，天真地看著我問：「你會漢字？」

湯姆剛從東京調回紐約。在東京待了一年不到，他老婆發誓再不回美國，就要離婚。他抱怨說：「有一次，我和蘇珊好不容易租了輛左駕的車，一心歡喜地要自己開車上富士山。結果我們迷了一個早上的路，花了四個小時，仍然沒有找到開出東京市區的高速公路。看不懂漢字的話，交通標示就完全無用。老日很奇怪耶！標示的漢字永遠是英文的五倍大，

我根本看不到英文標示！」

湯姆和我相約要交接東京的工作，他卻一味大吐在日本生活上的苦水，我只好故作同情地追問一下：「後來呢？迷路之後呢？」

「我們就去吃了個麥當勞，然後回家睡午覺。」

我暗忖，我應該不至於這樣悽慘吧！看漢字是沒有問題，可是論及其他的人、事、地、物，日本仍然是個神祕的國度。我要小心謹慎，嚴陣以待。

抵達東京的此時，正是隆冬之際。單槍匹馬到東京來接這份工作，我的心情如同飛機窗外的景色，蕭瑟肅殺。

日本，這個和台灣既近又遠的國度。地理上，西太平洋的一串島鏈，好像把台灣自然而然地與日本相繫，二戰前半個世紀的殖民歲月，到今天仍然可以很容易地找到許多相似處。可是我打心底很清楚，對我而言，這是一個完全陌生的國度。

「早安！吳桑，歡迎您來到東京。知道您要來，我們都非常非常高興。」

一腳踏進辦公室，迎面而來的就是這聲客套的寒暄和官式用語。站在我面前的是一名身材中等、臉面白皙的男子，一頭濃密的黑髮，眼眉分明，有些微雀斑散布在窄挺的鷹勾鼻和兩頰，算是一個英俊的日本人。

這也是我對角坂淳第一眼的印象。

「我是角坂淳，是您的特助，同時也是銀行與大藏省之間的聯絡官。」他的自我介紹充滿了自信，微笑中透露出友善和東方式的謙虛。

「角坂先生，在出發來這裡之前，紐約有許多人告訴我，你是他們的『救命恩人』，要是沒有你的幫忙，很多人都只有每天吃麥當勞的分，完全不曉得要怎麼在東京生活，我們很多案子也得不到大藏省的諒解及核准。」我真誠地稱讚他。

「不、不，您這麼一說太過頭了，我只是盡量做好分內的工作。」

寒暄完畢，角坂手持一個大的文件夾，開始引導我去每一個樓層，介紹每一位部門主管。他非常正式地為雙方做介紹，也非常有規律地控制在每一個部門停留的時間，一切照表操課，井然有序。每走完一個部門、一個樓層，他都在文件夾上的時間表畫記打勾，一絲不苟，態度認真嚴謹。

我看在眼裡，心想這就是所謂的「日本精神」吧！中規中矩，但也了無新意。生活已經那麼辛苦了，大可以輕鬆一點。我希望是拍著肩膀，嘻嘻哈哈地介紹。我要的是認識一個人，而不是只有他的職銜身分而已。

「角坂，今天一整個早上辛苦你了，你安排的介紹很好。不過我在想，是否可以再安排我和每一位主管有一對一的個別交談機會？每一位只需要半小時或一個小時就夠了。」

「半小時到一個小時？」角坂幾乎是尖叫著回應。「我怕同事們會害怕哦！您是不是對某些人有什麼特殊的想法？這樣一對一單獨面談，事關重大。」

角坂一邊講，一邊猛點頭，對自己所說的很有把握。

我立刻便明白了，日本人是講求集體行動的。那種單獨一對一的場合，大概有如古代武士刀相向的對決，他們是不會舒服的。

「那你可以給我什麼建議呢？我想跟大家混熟一點，輕鬆自在地聊天，讓他們多認識我。相對地，我也可以多聽聽他們的想法。」

「啊，這件事容我多想一下吧……」角坂面有難色地說，幾近慘白的臉，相映出一口泛黃的牙齒。我有點於心不忍，但更不解的是：有這麼嚴重嗎？我的要求有這麼過分嗎？

我疑慮重重地過了幾天，也不知道該不該再重提安排一對一的話題。

一天，角坂在我們談完例行工作之後，主動告訴我說：「我和其他幾位同事私底下商量了一下，也解釋了您為什麼想和他們一對一地聊聊。」

「嗯，你真是周到啊！還去幫我刺探一下。」我調侃地回應，心裡嘀咕著：我連要求和屬下一對一的權力都沒有？

「他們起先非常惶恐不安，認為您是對東京辦公室的同事有什麼負面的看法。」

我不搭腔，嘟著嘴點頭，鼓勵他再往下講，因為我真的有點不爽。角坂自作聰明地去和他們商量一對一的事，如果養成這種習慣，以後我怎麼管理？難不成任何事情只要沒有前例，超出了這些日本人既有的行為模式，就統統都要先私下去探探反應？

「那就是他們不同意和我一對一談話囉？」我揚了揚眉，刻意沉下臉，但是緊接著給了角坂一個微笑。

「不不不。我們是覺得，一開始，或許可以在下班後，先約三兩個同事去居酒屋。」

角坂一邊講，一邊裝成以手持杯，做出仰頭喝酒的樣子，然後自顧自地呵呵地笑了起來。從我第一天見到他至今，這還是頭一遭見他表現出輕鬆的一面。

瞬間我明白他是真有心在為我運作一切。他知道我想要一對一，但他也清楚，日本同事不會習慣這種互動的方式，所以他刻意先去試探反應，再提出一個折衷的辦法：不要直接在辦公室裡一對一地見面，而是下班後，三兩個人一起去喝小酒。

「謝謝你想到這樣一個完美的建議，我完全同意，我們就去居酒屋吧！」我有點歉疚剛才對他的態度和諷刺的語氣，立刻用這個回應來彌補一下。

角坂如釋重負地挽了一下衣袖。我觀察到每當完成一件困難的事情時，他就會有這個習慣性動作。

同時我也注意到，在他的衣袖下藏了一只漂亮秀氣的百達翡麗金錶，應是所費不貲。這樣的品味是日本上班族少有的。

居酒屋的安排占用了我下班後的私人時間，但也換得了進一步了解屬下的機會。

「你們是這裡的常客？老闆娘對你們很親切嘛！」我企圖打開話匣子，引他們開口。

可是，他們一般的反應都只是淺笑，你望我、我望他，誰也不肯先說句話。往往都是我自己一個人東問一句、西講一句，累得半死，也聊不出什麼名堂。

「角坂，先要謝謝你，麻煩你安排了這麼多次去居酒屋，你也每次都到場支援，可是好像沒什麼實質幫助，我仍然不覺得對同事有進一步的了解。」

「通常要去個五、六次吧，我們日本人才會敢和你聊一點心裡的話。」

「我覺得兩、三個人湊在一起，他們仍然有顧忌，不太願意和我開誠布公地聊天。」

角坂不發一語，投向我的眼神是愧疚之中帶著無奈。

我知道他盡力了，日本人對外國人的態度有如一面銅牆鐵壁，不是單憑我們兩個人之力便能扭轉的。

「也罷，我不想再去居酒屋了，去了五、六次，也不一定能有我期望的溝通效果。」

角坂低著頭，默不作聲。

「今天就只有你和我去居酒屋如何？」我突然想到，為什麼不和他來個一對一，對自己捨本逐末、捨近求遠的愚蠢，感到懊惱不已。

「嗯？」角坂的表情驚愕又疑惑，露出日本人標準的那種臉面扭曲、腦袋微微前傾，顯得不知所措的肢體語言。

「你和我共事了大半年，張羅大大小小的事情，夠你辛苦的了。我應該好好請你吃頓飯。」我和氣地看著他。

「請我吃飯？萬萬不可，我不敢去的！」他雙手交叉打在胸前，又是一個道地的日本特有的肢體動作，表達不可以、禁止或不准許的強烈譴責。

我已經習以為常了。

剛到東京時，每每看到這種肢體語言，我就惱火不安，急著去辯解、說服，冀望能迅速將「不可以」的原因找出來，把「禁止」的理由弄明白，讓「不准許」的強烈譴責化解掉。

可是這幾個月磨下來，我修練了一項功夫，就是要鎮定以對，千萬不能立即反應，眼光平視放空，當作沒有看到那個雙手在胸前打的大叉叉，心緒持平地往前邁進，繼續原本就要表達的話語。

「你去找個地方，也不一定要居酒屋。找個你熟悉的地方，我們倆可以舒舒服服地吃飯、喝酒，好好輕鬆一下。」

當然，角坂又列舉了不少理由，表示他真的沒有辦法和我單獨吃上一頓。我邊聽邊點頭，可是我的眼睛死盯著桌上的電腦螢幕，等他呢喃自語地愈說愈小聲，沒氣了……我轉身站起來，拍著角坂的肩膀，笑笑地靠近他的耳朵說：「去訂一下位子吧！我們倆快點把手上的工作弄完。五點的每週例會取消吧，我們早點下班去吃一頓！」

「這位是我的上司，他是我們銀行東京分行的支店長吳桑，從美國紐約派過來的。」角坂上身前傾，彎著二十度的腰，恭敬地把我介紹給餐廳經理。

「您能夠光臨我們的餐廳，真是太榮幸了。初次見面，請您務必多多指教。」頭髮油亮的餐廳經理西裝筆挺，領帶與前胸插巾一應俱全。他遵循日本一貫的禮儀招呼我們，然後非常敏捷地轉身帶位。

「這裡是瑞士餐廳？」我邊問，邊四目張望，被這樣一個安靜典雅的用餐空間震撼到了。

「您還滿意嗎？我覺得這個地方可能會合您的口味。」角坂坐在我對面，表露出在辦公室裡少有的自信和自在。

「你怎麼會想到來這裡？」我滿好奇地問。

他正要開口回答，此時，餐廳經理出現在我們桌旁，一派自然地與他攀談。

「角坂，今天有要我們準備什麼特別菜色嗎？照慣例，點完菜之後，我們再來決定搭配什麼樣的酒。你存放在這裡的酒，應該都可以搭配我們餐廳的食材。」

不等他們客套，我立刻表示一切悉聽他們安排。兩人不一會兒就達成了菜酒協議，互相道謝，融洽不已。

「你居然有自己的酒存放在這裡，顯然是常客，看餐廳經理巴結的樣子，你應該是ＶＩＰ囉？」

「哦，沒有沒有啦。這裡是銀座唯一供應瑞士料理的地方。我很懷念瑞士的食物和烹調方式，所以乾脆把一些酒存放在這裡，免得搭電車時提來提去的，引人側目。」

「為什麼你會對瑞士的食物情有獨鍾？」

我依稀記得曾漫不經心地瞄過角坂的人事檔案，知道他是好學校早稻田畢業的，之前曾經被一家日本公司派駐至歐洲，但我沒有去細究到底是歐洲的哪個國家。

「我在瑞士待了十年。」角坂挺直腰桿，聲音低沉而和緩地直接回答，接著眼神若有所思地穿透到遠方。一個完全不同於平日的角坂淳，端坐在我的面前。

在金融區寸土寸金的大手町，有一間以占地廣大、收藏豐富而出名的山種美術館，是由山種證券設立的。角坂就是山種證券派駐在瑞士十年的代表。

「那十年，徹底改變了我的一生。」

整晚，角坂與平日判若兩人，一個我從未見過的人娓娓道來他在瑞士的經歷，觀察到西方和日本，在文化、商業模式與生活方式上的差異。相形之下，那一晚的食物和酒都不重要了。

角坂是個細膩、用心的人，一旦把他一個人丟在瑞士，脫離了日本的既有包袱，他就全心地去徹底改造自己。

「我花了相當長的時間去學習德語和法語。我考了瑞士官方要求的所有金融執照，努力研讀歐盟的法令規章，並且代表山種參與日本金融機構在歐洲的每一個重大聯貸案，以及上市案和併購案。若不是被派往瑞士，我絕對沒有機會親身經手那麼豐富又精采的案子。」在詳細說明了一些得意的實例之後，角坂做了這個感性的結語。

餐後上咖啡之際，我好奇地問：「想必一定是你非常優秀，當初才有被派去瑞士的機會，而且山種證券一定也十分器重你，才會要你在瑞士待那麼久。」

角坂居然用一隻手遮在鼻尖微微搧動，又是日本人表達否定的一個標準手勢。剛才那個「瑞士十年」的角坂，瞬間打回了日本人的原形說：「我是個浪人④啦！所以踢我去瑞士，又

④此處的「浪人」，在日語中是指大學畢業後沒找到工作的人，或在考試中落榜的學生。

沒有人願意接我的工作，因此，我只好在那裡一待就是十年。」

「浪人和瑞士十年有什麼關係？」我不解地問。

「我做過一年浪人，高中畢業時沒有馬上考進大學，是個重考生。」他略帶不好意思地解釋。

「重考生又怎樣？」

「在日本，只要是重考生，這個『第一次大學考試失敗』的紀錄就永遠烙印在履歷上，不可以隱瞞也不容閃躲，一定要自己主動告訴上司。」

「你是早稻田的呀！」我試圖讓他知道，我對他的人事檔案下過一點功夫。

「不管什麼學校，浪人就是浪人，在工作派遣上比較吃虧。去了瑞士，離開東京總部，人脈就薄弱了。」角坂無奈地回應。

這晚走在回家的路上，我心裡一直在想，自己怎麼會笨到花了大半年，去耗在又吵又鬧、煙霧彌漫的居酒屋而一無所獲。今晚，我至少稍微認識了一個與我貼身工作的日本人，也被點醒了日本人對外派海外的價值觀，以及不容失敗的殘酷。

●●●

「我們的海外投資說明會許可拿到了沒？」

「日本保險公司是不是可以針對利率、匯率與市場交易對手，賣出選擇權？」

「證券公司可以直接對市場做貨幣匯率的報價和交易了嗎？大藏省不是說快要開放了嗎？」每星期一早上的晨會，大家都是週末休息夠了，腎上腺素飽和，把一連串的問題丟向角坂。他是我們與大藏省聯絡的唯一窗口，負責業務的人日洋不分，都把炮口對準他，一心一意把生意不好、預算不達標的理由，歸咎於大藏省太保守、太官僚。角坂被當成了箭靶。他沒辦法說服大藏省快點開放，大家就習慣性地萬箭齊發來射死他。

「海外投資說明會可以辦理，但是必須明確地把受邀參加的人數提報給大藏省。三十人以下，當天可以拿到許可。三十至五十人，則必須明列參加者的背景資料，一週之內可以取得許可。五十人以上，視為公開募資活動，必須提交詳細投資項目、商品結構及說明人員資格，在許可證未發之前，任何文宣活動都被視為非法行為。」角坂熟練地回答。

「保險公司可以承作選擇權，買入部分必須要對應本身現有部位之全部或部分，這個買入選擇權的價金的溢出部分，必須以當期費用沖銷。個案以核備方式按月提報大藏省。」角坂明確地給了專業答覆。

「選擇權賣出部分比較複雜，一定要逐筆申請許可，投機或意圖以權值賣出的溢價部沖抵投資損失，絕對禁止。溢價應依賣出選擇權的存續期限，逐年依市價法認列。」角坂倒背如流。

我剛來東京的時候，同樣在週一晨會上，面對類似的問題時，角坂都是呆若木雞，任人萬箭穿心地咆哮指責，結果一事無成，週復一週，沒有進展。角坂被罵，矛頭間接指向的就是我了。

所以我花了相當的功夫，逐一跟他一同釐清我們有多少需要與大藏省打交道的議題，也針對那些晦暗不明的條文規章，一項一項地研究。

看繁體漢字難不倒我，所以我甚至比角坂看得更快，在解讀大藏省的正式公文和行政命令時，我採取的是主動、積極的方式，強勢主導。

我非常明確地進行事前演練，要求角坂務必熟記法條，才知道如何引用適當的規範，清楚回應業務人員的提問與責難。

畢竟是在瑞士待了十年的人，角坂進步得比我預期還快。如今，他不再是之前那個唯唯諾諾的人，而是可以對答如流，以一當十地面對問題，儼然是一名成熟的大藏省窗口聯絡官。

有現在這樣對答如流的晨會，是我們倆共同的努力。當然，若沒有他的瑞士十年，換成另外一個日本人，恐怕就沒有那麼容易了。

「吳桑，我不知道合不合適，渡邊想要完成的那件日幣對美元的利率套利交易，我已經和大藏省財務官討論了很多次，了無進展。如果您可以親自去見他們，或許能有所突破。」角坂史無前例地主動邀請我和他一起去大藏省。之前他一直認為非到萬不得已，否則不要推我上第一線去見日本的主管機關官員。

其中的原因，我猜一是他不服輸。又不是天大地大的問題，僅僅是一項新種投銀交易商品，更何況這種交易在西方國家行之有年，若這樣還要支店長親自出馬，不就表示他是個廢物了?!

另一個原因，我猜跟我初到東京上任時，他負責準備我的履歷資料去大藏省報備註冊有關。我的姓名明明是三個四平八穩的漢字，角坂偏偏要以片假名填寫去申報。對於這件事情，我感到非常惱火，一再強調既然我已經有漢字姓名了，為什麼非得用片假名拼音。他則一再重複說是大藏省規定，外商負責人的名字一律用片假名申報。我堅持說，洋人的名字用片假名理所當然，因為他們本來就沒有漢字姓名。但我的名字明明就是漢字，卻偏偏不准我用來申報登記，太蠻橫不講理了。

私下我心知肚明：一家美商金融機構的東京負責人，居然來自於曾被日本殖民的台灣，他們是有一口氣吞不下去。日本人抱著駝鳥心態，堅持以片假名登記我的名字，至少就免去有一個活脫脫的台灣人成為他們的支店長。片假名，把我攪進了一般原本就沒有漢字姓名的「外國人」族群裡面。

為了這個名字的問題，角坂夾在中間，著實難堪了好一陣子。最後是我讓步，自我安慰地想：既然到了別人的國家，應該要尊重他們的規定。

所以，大概是出於這兩個因素，角坂始終都沒有安排我去拜訪大藏省。這次他主動提出邀我同行，我當然欣然接受。

「稍微等一下，我忘了一樣東西。」

臨出門前，角坂一反常態地慌張起來。我猜想應該是因為與我同赴大藏省，所以他要多準備一下。我側身瞄了一眼，好奇他究竟忘了什麼東西——他竟然是小心地把手腕上那只瑞士錶換下來，從抽屜裡面抓出了精工錶戴上。

一路上在車裡，我默不作聲地仔細觀察他全身上下的行頭，發現大大不同於他平常的穿戴。

「真是不巧呀！你的手錶今早不走了？」我若無其事地探問。角坂本能反應地扯了一下衣袖，沒有作聲。

「我從來沒看過你打公司的領帶耶！」我再進逼一步。他尷尬地伸手撫平胸前那條放久了未打，而皺褶叢生的人造絲領帶。再看看西裝和鞋子，也都是青山洋服和便於行走日本地鐵的本地製品，徹底取代了平常他低調奢華的歐洲衣著與手工皮鞋。

我適可而止地移轉話題到公事上，雖然有點衝動想再戳破一層，但是不忍心繼續調侃、諷刺已經很忐忑不安的他。最重要的是我觀察到，待在瑞士十年而十足西化的他，是如何謹小慎微地裝扮自己去拜見政府官員。

「啊！為了這麼技術性的交易商品問題，還勞煩支店長移樽就教，我們真是有失禮數。」

在官式介紹與交換名片的儀軌完成之後，大藏省的部長坐下時這麼說。

他是個五十開外的公務員，體型壯碩，嘴角刻意下垂。他說完之後，便示意身旁的翻譯傳達。之後的談話內容因為句句翻譯，支離破碎。角坂謹守分際，也不能僭越搶話，討論過程冗長而無聊。當然，最後的結論是「再研究研究」。我們本來也沒有期待可以一次搞定。

整個拜會過程，我唯一的樂趣，是看著那位打扮端莊、神情專注認真的女翻譯，年輕有活力的她，極力地想要提供貼切的日英即時口譯服務。她一身講究的套裝、整齊清潔的髮型，左手捧著「實戰英語」翻譯機，右手擎著電子筆，無時無刻不在那具高科技電子翻譯機上操作，忙得不可開交。可是我們用了太多投銀的術語，那個翻譯機似乎無法招架。

那個和三十年前的宮澤理惠有得拚的翻譯女孩，自始至終，都沒有完整地翻譯出一句話，角坂則是冷漠地在一旁觀看。這種反應，充分顯現日本人對於有外語專長的人，是歸納為一種另類的人物。

瑞士十年，角坂的英語能力遠遠超過一般的日本金融上班族，可是這十年磨劍就如同他進早稻田之前的「浪人」烙印，並不是加分。

大藏省的部長行禮如儀地送我們出來，一改剛才正式會談的態度和語氣，和藹地對角坂說：「啊！角坂先生，最近有添購什麼特殊的ＣＤ嗎？上次你割愛的那一片，在我參加的音樂欣賞會裡造成了轟動！現在年輕一代已經不聽ＣＤ了，但我們這群欣賞會的老傢伙恐怕永遠改變不了。你要不要與我們分享你的心得？我代表我的會友們，一定要在這裡好好感謝你。」「宮澤理惠」也突然可以流利地把這段非關金融的對話同步口譯出來，神情如釋重負，終於可以有所貢獻了。

「吳桑，你的這位屬下可是個了不起的古典音樂鑑賞家，他擁有六千片珍貴的ＣＤ。」在最後握手臨別時，部長丟出這句話，口譯員也一字不漏地即時表達。

「六千片ＣＤ？」車子把大藏省的那棟古典大樓拋遠後，我望著車窗外往後飛逝的欖仁樹，幽幽地問角坂。我知道直視他的雙眼問他，一定會令他十分不自在，何況ＣＤ的事是個人私領域。

「是呀！我浪費了許多錢在這個嗜好上。」角坂沒有閃躲。

「一天聽上十五、六片，也要花一年三百六十五天才聽完一輪。你這麼努力工作，怎麼可能有這麼多的閒工夫？」我是疑惑加上嫉妒，也是習慣性地以數字去衡量一種聽ＣＤ的嗜好。

「當然沒有可能每天花那麼多時間在這上面。不過，大約一個小時是有的。」角坂伸出一根指頭強調。

「那你一定有許多ＣＤ是永遠聽不到的了。」我自作聰明地下結論。

「不是從頭聽到尾，但是我每一張都會拿出來聽。」

「那你是怎麼個聽法？」

瑞士十年，角坂可以去歐洲各地聽到一流的古典音樂演奏。他充分利用ＣＤ的來源豐富和價格之低廉，有系統地收藏。他告訴我，之所以累積到如此驚人的數量，完全是因為他的欣賞方式。

針對奧地利指揮家卡拉揚指揮同一首貝多芬交響曲的某個章節，他會鍥而不舍地把卡拉揚不同年齡、指揮不同樂團，所呈現出來的不同速度、節奏與韻律，分析出來，加以比較。自然而然地，他就必須要同一首交響曲，收藏一、二十張不同的CD。而他每次也只是去專注聽他要比較、研究的那幾個關鍵章節。

角坂解釋得眉飛色舞，渾然忘我。而我也頓悟日本人的執著和熱愛嗜好的精神。

「我的這個嗜好並不會花太多時間，可是我們夫妻決定不生小孩，作為彌補這個嗜好的財務漏洞。」角坂若有所思地自言自語，把「生不生小孩」這個非常禁忌的話題，有意無意地向我揭露。我感受到我們之間的距離縮短了一大截。

角坂持續和我工作了許多年，他嚴謹地遵從日本的行為舉止，不犯任何錯誤。但相對地，他也熟稔西方的思維，熱衷於西方的文化和生活方式。

這樣的生活方式和對人生的價值觀，是一切為二：固有的大和民族，和深藏內斂的瑞士十年。

來自果亞的兄弟

「我是從果亞來的，那是印度的二十九個邦中，最小，但是最富庶的一個。」拉菲和善地自我介紹。

一頭印度人獨有的濃密鬈髮，又厚又黑，看不到分髮線。粗壯的眉毛下，竟然有一雙碧藍的眼珠，襯上高挺鷹勾鼻與淡褐色臉龐，五官端正，一百八十五公分的身高顯得氣宇軒昂。乍看之下，他就像一尊西藏銅佛，少的是宗教神祕色彩，多的是世故與精明幹練。

「果亞在哪裡？」我不解地問。

「其實果亞和印度的關係，跟台灣與中國大陸的關係非常類似耶！」拉菲並未對我的無知有絲毫慍怒。換成我的話，如果一個印度人不知道台灣和大陸的敏感問題，我會有點惱火。

他耐心地告訴我，果亞貼在印度大陸的西側，瀕阿拉伯海，面積只有台灣的十分之一。葡

萄牙人在十六世紀就占領了成為殖民地，成為一個重要的商港，向東可與印度大陸通商，向西跨阿拉伯海，去阿拉伯半島、非洲大陸，並經紅海，接地中海去歐洲。印度獨立後一直要討回這個地方，但是葡萄牙人捨不得放手，兩邊吵吵鬧鬧，一直到一九六一年印度出兵，解放果亞。

「所以你的藍眼睛是葡萄牙祖先留給你的了？」我半開玩笑地問。

拉菲說，果亞在「解放」之前，基本上是葡萄牙鼓勵多種族融合的一個地方，政治民主，經濟自由。

「那你當自己是葡萄牙人，還是印度人？」我再問。

「我是一個遵守國際規範的生意人。」拉菲慧黠地回答。

好一個「遵守規範的生意人」！

拉菲是我們重金從競爭對手那裡挖來的人，負責重整亞太地區的私人財富管理業務，俗稱「私人銀行」。

私人銀行這個行當，若遵守規範，就做不好。為什麼？理由很簡單：私人銀行的主要功能就是幫富人更上一層樓，錢滾錢，除了找投資機會之外，也在找避稅管道。

避稅和逃稅，豈是一線之隔，根本是無線可分！所以「遵守規劃」和「增加財富」永遠是相牴觸的。

「我認為台灣本土並不是一個適合發展私人銀行的地方，不但法令過於僵化、外匯管制嚴格，市場也不夠國際化。我主張採取離岸經營模式，換句話說，就是幫台灣的富豪去海外開戶，所有投資都移到境外操作。一旦在台灣試點成功，我們就可以把這個『離岸經營模式』，擴大到亞太地區的其他國家。」

在亞太地區的經營會議上，拉菲初試啼聲，就拋出這樣的話題。除了香港和新加坡，哪一個亞洲國家不是法令僵化，嚴控外匯？拉菲的策略就是把亞太的富豪都拉去香港和新加坡，集中管理。這樣的做法無可厚非，這兩個地方除了高度國際化，一旦集中，也有助於降低人事成本，提升行政效率。

但緊接而來的問題是：如何幫富豪們把錢弄出去？還有賺錢之後，怎麼再轉回來？錢的進出，一定會牽扯上許多法令規範和稅務的敏感神經。

聽了拉菲這番發言，北亞的日、韓及大陸，還有東南亞的印尼、馬來西亞和泰國代表都紛紛起來抗議。

我本來只想作壁上觀，因為這個私人銀行的離岸模式，在拉菲沒來之前不知道已經吵了多久，是一件始終議而不決的麻煩事。

「我來自果亞，一個歷史背景和台灣很相似的地方，當初我就成功地以果亞的客戶為基礎，建立了一個離岸私人銀行模式，進而吸引了相當可觀的印度本土富豪加入。我滿想知道你的看法。」

在眾說紛紜的嘈雜聲中，拉菲的湛藍眼睛盯著我，對我說。

這傢伙！竟然出其不意地把球踢過來。

我這才恍然大悟，為什麼之前他要耐心地告訴我果亞的歷史背景。他早就料到了其他國家的反彈勢頭，所以計劃好拉我當盟友，借用台灣和果亞都是小而富的地方，來面對強大粗暴的對手。

有錢人的安全感不足，有財富移轉境外的迫切性，相較之下，離岸私人銀行具有一定的吸引力。

「我覺得私人銀行在台灣已行之有年了，本地金融機構也成熟到可以滿足客戶的需求。基於政治因素的考量，將財富移轉境外的企圖已經下降，台灣的有錢人好像沒有之前那麼恐懼，倒是穩健投資的機會和商品是他們的優先要務。」我只好硬著頭皮說上幾句，並沒有去呼應拉菲的論調。

又是一次議而不決的會議。結束時，拉菲自圓其說地宣布他會造訪每一個國家，再深入研究討論，依各國的情況來規劃模式。

聽得出來，他的離岸模式是既定政策，不會妥協手軟。

兩個月後，拉菲帶了一個五人團隊，大陣仗地殺到台北，和每一名財富管理人員詳細討論客戶的需求，以及市場上同業的策略。

「上次你在區域經營會議上提到，台灣的私人銀行客戶有投資和商品的需求。這次我和我的團隊花了一個星期的時間，來搞清楚你們的富豪要什麼樣的服務。」

拉菲坐下來，總結他的來訪心得，並重申他的主張。

「除了極少數的例外，普遍來說，台灣客戶的國際視野不夠，對於理解英語的文件契約缺乏自信，但是賭性堅強，有冒險犯難精神，不會輕易放棄賺取暴利的機會。只要我們可以設計出足夠吸引他們的獲利商品，他們就會願意去海外開戶，走我們的離岸模式。」

挾著麻省理工學院的數學博士學位，他躊躇滿志地掏出一大疊的金融投資商品說明文件，逐一對我介紹、解說這些商品的投資報酬率，當然也強調風險管理。在林林總總的計量分析和電腦模擬推演之下，拉菲和他的屬下，個個都是精算高手，能言善辯地回答及化解所有的疑慮。

拉菲承襲印度人的一貫作風，毫無顧忌地召集自己的人馬，清一色是印度子弟兵。即使在跨國機構，他們也不覺得這種做法會引人非議。印度文化似乎對結黨營私不是什麼負面的看法。

「這是我的商品設計團隊。坐在你面前的這幾位都是數學天才，他們從小就是背九九九乘法表⑤訓練出來的。『數字會說話，魔鬼藏在細節裡』是我們這個團隊的座右銘。」拉菲得意洋洋地宣示。

接下來的幾個月，拉菲和他的子弟兵們三天兩頭地飛來台灣，按照本地財富管理人員建立的「客戶財富分級排序表」勤奮拜訪，熱心地介紹海外投資機會。也如之前所料，他們試算出來的高投資報酬率，的確讓台灣的富豪們趨之若鶩，紛紛湧往海外開戶。

這個離岸模式引導客戶出走，立刻造成了台灣在地財富管理業務的空洞化。而眼睜睜地看著原本努力培養的客戶，都由香港和新加坡的私人銀行業務人員接收，導致自己多年來建立的客群分崩離析，台北的財富管理人員心中非常不是滋味，但是，阻擋客戶追求更高的投資報酬率，也不合理。

我打電話找他商量。

「拉菲，提供海外的投資機會固然滿足了客戶的需求，但是你的離岸模式，嚴重打擊了本地私人銀行的士氣。」

「我也愛莫能助。等哪天，台灣的主管機關和市場自由度開放到和香港、新加坡一樣的時

⑤「九九九乘法表」是從1×1到99×9，據說印度學生自小背誦，有助提升計算的靈活思考。

候，這些富豪會自動回去台灣的。這不是我的問題，是你們國家的問題。」拉菲在電話裡的口氣是又冷又淡。

除了安撫之外，我唯一能做的事，就是跟在地的私人銀行業務人員一起，痛罵主管機關的昏庸無能。阿Ｑ一下，自我安慰。

海外投資可不是包賺，難免有損失或報酬不如預期的時候。富豪的特色之一，就是「小氣」。一旦發生投資損失時，他們的第一個反應不是花國際電話費去找海外的私人銀行業務人員，而是打到台北分行找本地的人員，大呼小叫，要求台灣的人員代為處理。如此一來，形成了一種「客戶、台北人員與海外私人銀行人員」的三角溝通模式，既耗時費事，又毫無效率。

對此，拉菲知之甚詳。當大多數的台灣富豪移到了離岸模式，錢也已在他的團隊掌握中之後，他們就把重心擺到另外的國家。至於已經「入甕」的客人，他對他們的死活一點都不在意。私人銀行業務的手續費收入，全數歸拉菲和他的子弟兵所有。所有的客戶抱怨，則一腳踢回台北。

「嘿嘿！禍患又要臨頭了！」「包打聽」安迪氣急敗壞地跑來告訴我說：「剛剛宣布了亞

太地區共同基金銷售主管的任命，又是一個印度人，而且是拉菲的哥哥！」

聽到這消息，我心裡暗想：怎麼了？拉菲真有一套！結黨營私不說，還內舉不避親，居然把老哥也扯進來。他的離岸模式搞得台灣本地的私人銀行民不聊生。現在招個哥哥來管理基金銷售，不知道會不會再弄個業務模式，把台灣的基金業務也空洞化。

真是福無雙至，禍不單行。

「我是古拉帝，很高興能來台北，與你見面。之前由於工作需要，我常常來這裡，不敢說有多熟悉，但是至少對台灣的基金市場生態不陌生。當然，我很需要仰仗你的幫忙和指導。」拉菲的哥哥和善地寒暄套交情。

古拉帝比弟弟稍微高一點，同樣的挺拔帥氣，有一對碧綠眼珠，是非常標準的印度雅利安種的紅棕膚色。也像是一尊西藏銅佛，少的是嚴肅拘謹，多的是敦厚和善。

「你老弟找你來的？」我不遮掩好奇，開門見山地問他。

古拉帝應該是多次面對同樣的問題了，他泰然自若地回應，其實我們銀行早在一年前就頻頻與他接觸，但他因對於原先的工作有某個承諾，以及要向屬下有所交代，不想絕情地立刻離職。拖了一年多，他才辭掉之前的工作，來我們這邊履新。

他並輕描淡寫地說，他們兄弟尊重彼此事業上的發展，他來我們這裡工作，並不是拉菲牽線，而是專業獵頭公司安排介紹的。基金銷售和私人銀行的業務，是兩條平行線，有同步互補關係，但不是從屬。基金可以透過私人銀行促銷；私人銀行只會視基金投資為其諸多投資標的之一，而非全部。

沒有明講，但是等於已經清楚聲明了，他和弟弟拉菲在工作上是不搭軋的。

古拉帝並不是極力辯解，而是平和地澄清大家先入為主的謬誤。他的行事作風，和弟弟拉菲迥然不同。

「你們兄弟倆都很優秀，不到五十歲便身居要職，各自掌管亞太地區的兩項重要業務。」我想引古拉帝多透露一點他們兄弟倆的事。

「拉菲去美國的那些年，對他的影響很大。讀書加做事，前後超過近十五年，他的思維方式比較急功好利，數字導向。」古拉帝倒是沒有顧慮地在我面前批評。

「你沒有去美國念書？」

「拉菲是進不了印度理工學院，才去麻省理工的。我比較幸福，擠進了印度理工學院。」

古拉帝解釋，語氣不像在開玩笑。

「怎麼說？」我追問，因為我真的不明白他的意思。

古拉帝拿起杯子，喝了口水，慢條斯理地開口解釋。

「在印度，小學畢業後，初中和高中的六年，每年都會舉行全國的數學會考，政府並持續追蹤數學成績優異的學生，最後再由印度理工學院一次集中，考選一批學生入學。印度理工幾乎是免費的。這所學校的畢業生在印度社會和企業界，有無與倫比的分量。你可能不知道，許多矽谷的高科技公司和其他的跨國企業，在印度理工學院旁邊出資蓋了高級大樓，吸引學生免費入住，以換取畢業後加入他們的就業承諾。印度人有早婚的習俗和與父母同住的傳統，所以我們笑稱那是『印度理工希爾頓』，有夫妻房，甚至兩代同堂房呢！」

「你們家族不是在果亞很旺嗎？為什麼當時你不出國念書？」我追問。

「印度是個外匯控制的窮國家，拉菲雖然有獎學金，但是生活費需要靠黑市結換，是個沉重的負擔，我知道他一心嚮往美國，所以我去印度理工，他出國的機會就好多了。」

儘管古拉帝逐漸讓我有了不同於拉菲的印象，但是，我仍然對他的商業模式存疑。

「那麼你的基金銷售模式呢？」我問。

「我反對任何形式的離岸模式。」他這麼回答，應該是意識到了我對離岸的反感。

接著，他拿出了一份預先準備好的提案，攤在桌上，詳細解釋他的策略。他認為共同基金是銀行存款的替代品。長期低利率的存款一定會要找出路，而穩健的基金則是理想標的。各國的金融主管機關都不希望銀行的存款流失至海外，所以若要使基金業務茁壯，一定要把「根」在境內扎穩。

「可是，台灣是個非常淺盤的市場，可以投資的項目很有限。境內基金是沒辦法滿足客戶需求的。」我忍不住頂一句。

古拉帝神色自若地告訴我，他知道台灣的投資人比較偏好投資海外市場的基金，所以他會設計一批基金是在境內募集，再將資金投資到海外的市場，而不是把境外的基金直接拿到台灣境內來販售。

簡單地說，就是投資人在台灣以台幣投資；而我們將收到的台幣兌換成其他的貨幣，再去投資海外的市場。

「這麼做，匯率風險是由台灣投資人負擔囉？」我點了他一下。

「既然要追求海外的投資機會，當然也得承受幣別兌換的風險。我們要循序漸進地教育台灣的投資人：投資是有風險的，而唯有長期投資，才能降低市場起伏不定的風險。其實，印度人好賭成性、追求短利的心態，比台灣人更嚴重。但我不會因此而看不起這樣的客戶。我們的企業責任應該是在提供基金商品的同時，也要提出保護和教育客戶的方案。」

在跨國金融普遍追求短利、殺雞取卵式的商業文化中，古拉帝的見解算是一個異數。他到任後，挽起袖子，與台灣的本土商品設計團隊一起研發境內基金，並且不厭其煩地跑去向主管機關遊說、溝通，既充分參與，也充分授權給本土的團隊。

一個身材高大、有著紅棕色皮膚的阿三，攪和在一群台灣人中，身高與膚色並不協調，但是彼此齊心一致研發商品的氛圍倒是非常和諧。

古拉帝的在岸模式與境內商品的推出，不能算是勢如破竹地搶占大片市場，但是從業界口碑和客戶反應看來，在短兵相接的基金肉搏市場上，已經穩定立足了。

「怎麼辦？顏小姐又打電話來了！她說如果我們再不提出解決方案，她就要去找主管機關投訴。」

「劉教授昨天已經寄存證信函到台北分行了，他的律師也打電話來威脅，要是再不拿出誠意來，他就去法院提告。」

「投資人保護協會的人說，要來我們的大樓下面拉布條了！」

這些紛擾，全是私人銀行離岸模式啟動的後遺症！

客人的戶頭開在海外，資金轉到了境外，投資標的也都在國外。一有個風吹草動，台灣的富豪就六神無主，又捨不得打國際電話去查詢，沒有直接和香港或新加坡的私人銀行業務員直接講上話，只能坐以待斃，未及時停損，而導致損失慘重。等到了不可收拾的地步，又一味地來找台北的人員幫忙。

拉菲是個勢利的人，他的最新重點是去建立印尼的離岸模式，拉攏印尼的華裔富豪。對於台灣客戶的權益，卻漠不關心，反正死活都有一個台北分行幫他頂著。

「你難道不擔心台灣的客戶把你告上法院？」我在電話裡提醒他。

「來香港和新加坡提告，光是委任一位律師的費用，我看你們台灣的富豪就捨不得了。開庭費加上坐飛機來出庭，又要花錢，又要用英語溝通，我才不怕呢！他們有本事就來告呀！」拉菲在電話的另一端叫囂。

我拿他莫可奈何，只好去找他哥哥想辦法。

「古拉帝，你可以幫幫忙，勸一下你老弟嗎？」我央求著，雖然明知這有點強人所難。

「我可以試試，但是不能保證拉菲會聽我的。」古拉帝無奈地聲明。

結果，拉菲依然我行我素，甚至變本加厲，時而隻身飛來，時而帶著一大隊人馬來台灣，直接與既有客戶或有潛力且夠富有的新客戶接觸，慫恿他們到海外開戶，完全把在地的人給蒙在鼓裡。我們根本無法掌握情況，不知道究竟有多少台灣客戶已經被他架上了離岸模式。

幾次在亞太地區業務檢討會議上，我都重申離岸模式造成了客戶抱怨的困擾，對客戶訴求的回應不周，引發外界對我們銀行產生負面印象。然而，拉菲仗著優異的業績表現，以及流利善辯的口才，四兩撥千斤地把我提出的問題給輕鬆打發掉。

他的哥哥古拉帝卻是個腳踏實地的人，勤勤懇懇地與在地的團隊營造一個堅實的「在岸模式」，充分尊重台灣的法令規範。對客戶和員工，他也都一本初衷，力求完美地服務，樹立篤實的企業形象。

那年夏天，古拉帝把他十七歲的兒子送來台北住兩個月，學中文，講華語。古拉帝在這裡

的人緣極好，大夥兒熱情招呼他的兒子，把學校和生活起居安排得盡善盡美。

「嘿！古拉帝先生，承蒙你看得起台灣，居然放心把你的寶貝兒子放到我們這裡兩個月呀！」見到他來接兒子回果亞時，我調侃他一下。

「台灣是世界上最適合學習華語的地方。」

「只是好奇，拉菲的兒子今年夏天是什麼安排？」我曉得拉菲也有一個年紀差不多的兒子，猜古拉帝應該知道。

「拉菲的兒子每年夏天都去紐約實習。他對亞洲沒有興趣，連果亞都不常回去。」古拉帝的語氣似乎帶著遺憾。

這一對外表看起來那麼相似的果亞兄弟，待人處世的態度，卻是那麼的不同。

猶太小子

又是一個燠熱潮溼的八月天。台北街道的空汙爆表，鑽出捷運站，迎面而來的是風馳電掣的小綿羊、烏賊噴墨的柴油貨卡和資源回收的三輪腳踏車，都努力地在車陣中爭取路權。

我心想：這個熙熙攘攘的都市，到底在衝刺什麼？在等著小綠人出現時，低頭瞄一下手錶，「哇靠！今天又遲到了！」少不了又要多欣賞老闆的白眼。

進了公司，一頭栽進自己窄小的隔間裡，想著前後左右的同事一個都不在，老闆的辦公室

也空無一人，全部不準時上班，我還是最早到的鳥兒呢！便沾沾自喜地打開電腦，享受免費的安靜冷氣。

今天，應該會是美好的一天。

這時，由遠漸近，耳邊傳來人馬雜沓的腳步，夾著竊竊私語的喧譁。我抬頭一看，阿胖的一顆豬腦袋橫放在隔板上，緊張又誠懇地丟了一句：「事情大條了！你忘了今天的晨會提早半小時哦？」不等我回應，他一縮頭就消失了。

「不是講好了的？柯恩今天第一天上班，我要正式介紹他，而你是負責帶他的人。你很不給面子哦！全員到齊，唯獨缺你一個。晨會上當著那麼多人，我很掛不住耶！」阿標老闆超級不爽地數落著。

當初紐約告訴台北要調派一個人過來，阿標老闆就私下透露，來的傢伙有後台，應該是認識高層的，也可能是眼線，一定要好好伺候。

「你幫我招呼好一點，也盯緊一點，這種咖得罪不起。弄得好，大家升官發財；弄不好，小報告一狀打回紐約去，我們都會被踢到街上去找頭路！」阿標老闆言猶在耳，我竟然忘了今天是柯恩上班的第一天。

「算了！你現在快點去找柯恩，就說你早上和客人有早餐會。自我介紹一下，和他混熟一點，摸個底。」

跟到像阿標這樣的老闆，也算是福氣加服氣。他是哈佛經濟博士，英文流利，更是數學天才，熟悉投資銀行裡的各種業務，肯教人又敢提攜後進，最重要的是他不太買洋人的帳。儘管在世界各地金融中心叱吒風雲多年，阿標老闆最喜歡的卻是兜一票同事去吃夜市、逛路邊攤，不端架子。

退出阿標老闆的辦公室，我立馬奔去找阿胖算帳。「你很不夠意思，打電話來提醒我會死哦！」阿胖沒有在怕，反嗆說他一直試我的手機，可是捷運收訊太差。他還被阿標老闆K了一頓，警告他在晨會中要關手機。

「你們在討論什麼事？有我可以參與的機會嗎？」一顆頂著鋼絲毛茸鬈髮的頭冒了出來，原來柯恩被安排坐在阿胖的後面隔間。

我拋下阿胖，繞過去自我介紹後，愉快地提議：「柯恩，我們去找個安靜的地方，喝杯咖啡聊聊吧！」

「有這個必要嗎？我覺得在這裡就可以了呀！」柯恩不領情地仰頭看著我說。

空間狹小，他老神在在地坐著，我像罰站似地站著，於是我回身去把阿胖推開，拖他的椅子過來坐下，兩眼平視柯恩，頭也不回地說：「阿胖，你去喝杯咖啡，我這邊椅子用完了就去找你。」

柯恩除了那頭鬈髮之外，五官輪廓的每一個細節都是猶太的昭告！黑褐色的眉毛下，凹陷的眼眶中嵌著一對琥珀色眼珠，透出多疑的眼神。誇張的鷹勾鼻、薄細嘴唇，加上高豎緊貼的一雙大耳朵，一臉精明的模樣，散發出不可一世的傲氣。

「這裡全年都是這麼喧鬧悶熱嗎？」柯恩先發制人，皺著眉頭抱怨。

「這樣的天氣是最舒服的時候，到了冬天雨季時，又溼又冷，這裡沒有暖氣設備，那才是辛苦。」我想嚇嚇這個小老美。

沒想到他不上當，噘起嘴，偏著頭說：「我查過氣象資料，這裡最好的季節是十一月到隔年的三月。」

知道他有備而來，我也就沒有太大的興趣和他再扯天氣了，直接就問他來台灣的目的和預計待多久。柯恩一本正經地說，他覺得亞太地區是一個活潑的市場，有許多商機，他可以發揮的地方很多。

「耶魯哲學系不容易進去，應該也很難念出來吧？」我故意點破他大學念的不是商學財經的本科。當初紐約通知這號人物時，我們都在納悶為什麼會派一個主修哲學的人到台灣來。

「耶魯哲學系要求必修理則學、邏輯學，和初級、高級微積分，數理計量方面的課程很扎實。我選修了相當多的財經課程，加上進來銀行後那半年的基礎訓練課程，我滿有信心可以勝任這裡的工作。」

「會說華語、看中文嗎？」我問，心想這一點總可以挫挫他了吧！

出乎我意料之外，柯恩理直氣壯地說：「你問得太好了。我正要問你怎樣可以物色到一個稱職的助理，解決我在語言上的困擾。」

真是個厲害角色！不但完全沒有因為來到一個地方，卻不會當地的語言而感到不好意思，反而再一次先發制人，開口要助理。

接著，他一副理所當然的態度，開始一長串的提問：最大的客戶、獲利最多的客戶、最強的競爭對手、最麻煩的主管機關……他問了所有敏感問題，也要所有的答案，毫不客氣。

我見識到了一個大學畢業才一年的年輕人，可以這麼自信地跑到這裡來，發號施令，目中無人。

「這就是猶太人的個性和本質。他們能進一步，就絕對不會留在原地。沒有占到便宜，就覺得吃虧了。」阿標老闆聽完我的回報之後，感慨地說。

柯恩積極參與所有的會議，即使許多是和他無關的事情，他也不請自到，大剌剌地坐下來，對著一群用華語在開會的本地人，要求大家配合他：「我們是一家美國金融機構，我建議現在開始使用英語溝通。」他的建議無可厚非，大家只好切換成英語來繼續討論。他也會不時地打斷別人的報告，提出質疑，對於不明白的地方，非要弄個水落石出才罷休。

久而久之，大家習慣了柯恩的存在，一群台灣人開會時說英語也不再那麼尷尬，而且為了要教育他，會先備妥預估他可能會問到的資料。

大家的語言有了進步，會前的準備工作也比之前認真。雖然仍然有人嘴上抱怨幹麼將就一個小老美，但心知肚明，柯恩帶來了不同的感覺，也改變了辦公室的氛圍。

「你不是答應過我要找一個助理給我？」

「在台北，協理級沒有配助理。」我早就想好這個答案了。

「如果我自己出錢呢？」柯恩瞪著我問。

我告訴他沒有這個規矩，如果來個富二代，自己出錢請司機、祕書加助理，我們難道也可以縱容這種行為？柯恩摸著鼻子走了。

我才暗自竊喜沒幾天，他手裡拿了封電子郵件丟在我的桌上，冷冷地說：「我去紐約為自己爭取到了一個助理的員額，這樣總可以符合你的規矩了吧！」

果不其然，柯恩是有後台的人，居然可以輕而易舉地就弄到總行的增員許可，更何況，其實全球的分行也都沒有配助理給協理的前例。

阿標老闆勸我不要再擋了，就讓柯恩去雇個助理算了。他知道我很不爽柯恩能享受特權。

這也是阿標老闆第一次買洋人的帳，令我感到失望。

我交代獵頭公司直接跟柯恩聯絡，看看他要什麼條件的人選。我置身事外，懶得多管閒事。過沒幾天，柯恩拿著一大疊履歷表跑來找我，說：「我覺得你應該幫我見一下應徵的人。」「你的助理，你自己看合適的人最重要。」我沒好氣地把他支回去。

於是柯恩獨當一面地去面試人選。結果在一個月後，獵頭公司的人打電話來問我，柯恩是找助理還是找老婆。他們前前後後送了不下五十份履歷，但柯恩沒一個滿意的，弄得他們兵疲馬困，不想再送履歷給他了。

我告訴獵頭公司的人，我也幫不上忙，他們得自己找法子去讓柯恩知道台灣現實的人才狀況。

助理的物色還沒有結果呢，紐約的年度稽查團隊倒是先來了。

這是年度大事。檢查結果好，大家的年終獎金就有希望；若查出有嚴重違紀，人頭落地。應付稽核人員是門「藝術」，既要全力配合提供資料，表現出坦蕩蕩的樣子，又不可以主動給太多的資訊，以免言多必失。稽核人員的工作和目的就是雞蛋裡挑骨頭。

柯恩一馬當先，主動請纓，表達他可以勝任所有的協調工作。

這個做法真聰明。介於稽核人員和行員之間，他可以假稽核要求之名索取資料，看盡所有的敏感文件，這是一個快速學習業務的捷徑。而且擔任協調人，可以和總行稽核人員套交情，是建立人脈的有效手段。柯恩的事業心和深思熟慮的行事風格，不得不令人佩服。

紐約稽核團隊的陣仗超出往年一倍，由四位資深人員帶四個初入門的。

「我們這次的查核是全面性的，所有業務和商品都要抽樣調查，先在此感謝各位的配合。」稽核領隊做一個官式布達，接著一一介紹每一位稽核人員。

「這位是雪莉．沈小姐，我們特別安排她來參加這次的稽核作業。她是雙語人才，才剛從研究所畢業便加入我們。希望雪莉可以提升查核效率。」

雪莉站起來優雅地對著在座的人微笑點頭，並沒有說話就坐下了。她長得很清秀，搪瓷般素淨的膚色，有如洗髮精廣告似的長髮飄逸，雙眸烏黑，五官小巧精緻。這個二十來歲的亞洲女生夾雜在一堆洋人之中，看起來更凸顯她的年輕脫俗，聰穎乖巧。

「既然有雙語的大美女，柯恩不成了個廢物！」走出會議室時，阿胖幸災樂禍地對我耳語。

然而，儘管有雪莉在，柯恩仍然忙進忙出地充分發揮他的協調功能，積極參與。

查核進度走得又順又快，並未查到什麼驚天動地的事情。雪莉的超人氣，可說是這次查核工作順利的主要因素。她在台灣讀到國中畢業，才隨父母移民美國，以優異成績進入麻省理工學院主修電機，副修經濟學。她說了一口流利的國語和英語，態度謙和低調，儘管對銀行業務仍然生疏，但是雙語優勢和文化認同度高，她所負責查核的部分，賓主盡歡。被查的單位很高興有這樣一位通情達理的稽核，雪莉也謹守分際，友善但又不會刻意放水。

「人長得漂亮，就是加分！」一向和稽核人員勢不兩立的阿胖居然也感慨起來。

一天，柯恩提議：「我覺得我們應該在檢查結束後，請稽核人員去外面吃一頓。」

「哈！少糗了！你應該知道稽核人員不能接受受檢單位的任何招待。連找個安靜的地方喝咖啡都不可以。」我逮到機會回敬一槍。

「等檢查報告定案後，就沒有這個敏感問題了呀！」柯恩鍥而不舍地囉嗦著。

「反正我告訴你這樣子會有問題。你擔任協調工作，和這幫子稽核交情夠，或許他們覺得沒有問題，你自己去邀請他們。」

「可以報公帳嗎？」柯恩是個錙銖必較的傢伙。

「你自己判斷吧！」

稽核大隊回國後，我仔細查簽報帳的單據，沒有任何蛛絲馬跡顯示柯恩有宴請稽核人員。我心想這傢伙算是識相，沒有逾越規矩。同時納悶的是，他為何絕口沒再提助理的事。

「北台灣的冬天真如同我剛來時你告訴我的，又溼又冷。我要回美國度聖誕假期，會多留三個星期才回來。」柯恩以談笑用兵的方式來請假。

算起來，他一走就是一個月，照規定，不可以一次休這麼長的天數。他看出了我的反應，快快貼近我，小聲地說：「我這次回去，訂婚、結婚一次搞定。依照我們猶太人的習俗，一定要有個訂婚儀式，才可以結婚。我和父母商量了很久，他們非常堅持傳統，所以我得留久一點。」

原來是要辦喜事，那當然不可以掃興啊！我拍拍柯恩的肩膀恭喜他，大方地對他說：「你們一定要去度蜜月，別擔心休多久的問題，結婚畢竟是人生大事啊！」

望著他輕快的腳步離去，我這才想起來——有點失禮，沒有多問一下他的未婚妻，請他代為致意。

柯恩不在的一個月期間，大夥兒反而因為沒有他的「攪局」而開會懶散，若有所失。獵頭公司也打電話來問是否要繼續努力地幫他找助理。

「各位各位，你們應該都認識她——雪莉。聖誕假期中，我們在紐約結婚了，前天晚上，她和我一起回到了台北。」

一早在銀行裡，如雷的掌聲與喧譁叫囂的尖吼聲，幾乎掀翻了晨會的天花板！雪莉大方地站在柯恩身邊，和大家揮手。

「猶太小子有一套，把大美女追上了！」就連一向鎮靜的阿標老闆也不得不佩服。

柯恩和雪莉利用緊接而來的農曆年，又請了兩個星期的蜜月假去日本滑雪，金童玉女羨煞了所有的人。一回國，柯恩就直接找阿標老闆，認定以雪莉的資格，出任一名研究分析師應該不會有問題。

「怎麼辦？他要把老婆塞回台北分行。」阿標老闆氣急敗壞地來找我商量。

「擋不住啦！」這次換我說這句話。

我告訴阿標老闆，柯恩手上還有一個助理的空額，他一定會利用這個籌碼，而我們手上什麼都沒有。我也覺悟到為什麼過去兩個月，柯恩對於找助理的熱度歸零，他是有盤算過的。

雪莉順理成章地成為台北分行的一名研究人員，當然，她所有的精神都專注在一個人身上，她成了柯恩的最佳搭檔，兩人同進同出。

很快地，他們的小朋友陸續登場，三年內添了兩個可愛的混血兒。當然，產假加上育嬰假留職半薪的日子，雪莉在辦公室裡的時間是少之又少。

「柯恩和雪莉真的是賺到了！」阿胖羨慕又嫉妒地評論著。

小朋友生完，柯恩外派來台灣就超過三年了，依規定，他必須要轉台去別的國家，否則就得回美國。以他的本事，沒有什麼意外地，他爭取到東京去了。

「我們也算同事一場，很高興能在台北與你共事。」舉家去東京前，他來找我道別。

「咱們找個安靜的地方，喝咖啡聊一下吧！」我要扳回一城。

「走呀！」

我們在轉角的星巴克坐定之後，我笑嘻嘻地開口：「柯恩，有個問題，我一直很好奇。既然你要去東京了，介不介意我問一下？」

「當然，當然！」

「你為什麼不考慮去念ＭＢＡ？你們猶太家庭重視教育的程度不亞於中國人，你為什麼會放棄進修的機會，讓自己被家庭和子女綁住？」

「好問題！我父母親也一直質疑這一點。」

柯恩笑著回答。

「首先，雪莉是可遇不可求的理想妻子，我一定要把握住她，立刻娶到手。我放棄工作的薪水和年終獎金，花錢去念一個ＭＢＡ，不合乎投資報酬率的原則。況且雪莉已經有碩士學歷了，夫妻不必兩個人都要有研究所的學歷。」

之後，我們閒扯著他去東京的工作性質，還有搬家和小朋友安頓的瑣碎事情，並且緬懷三年多來在台北的林林總總。

在空汙紫爆的燠熱台北街頭，握手道別時，我忍不住問：

「所以你的決定都是計算過的？」

「人生的每一步，不都要如此？」

柯恩咧嘴大笑著。

穿愛馬仕的女人

「你答應過我們，會在短時間之內把行銷企劃的負責人換掉。都已經三個月了，還是一點動靜也沒有。我們對你這樣猶疑不決的行事風格真的很失望。」薇琪冷冷地對我說。

我心想：你憑什麼來對我說三道四？換掉這樣一個關鍵性的職務，尤其是在一家跨國企業，英文寫說聽讀的要求那麼苛刻，本來就不是街上隨處可以拉到一個稱職的人，更何況行銷企劃需要更多的英語能力。

「在我們基金這一行，有行銷經驗和豐富創意的人才很多，可是要找到兼具犀利到位的英語溝通能力的人選，就比較有挑戰性了。」我耐著性子，和顏悅色地頂回去。

「這種論調我聽多了！在亞洲非英語系的地方，你們都是用這個千篇一律的理由來阻擋人

事調整。」她毫無退讓的餘地。

「即便新的替代人選沒有找到，你也堅持要立刻換人嗎？」我決定反守為攻。

「行銷企劃部門不是一向都是一個稱職的團隊嗎？沒有負責人，我相信仍然可以照年初的計劃進行運作。」薇琪不甘示弱地反手殺回來。

「可以呀！那就請最資深的組長先代理，我們再從容地去物色新的負責人選。」我在幫彼此找個下台階，不想把這件棘手的事情鬧得太僵。

「但是你仍然要給我一個明確的時間表，列明什麼時候通知現在的負責人離開、發布誰是暫代負責人，以及新人選的到任時間。」她完全沒有鬆手的意思。

我心一橫，面對這個身材高大、金髮碧眼的女人，一味的溫良恭儉讓是不會產生共鳴和交集的，當下丟出一句：「如果你今天中午沒有別的安排，我請你吃中餐，我們好好聊一下。我現在要出去見客戶了。」

不等她回應，我站了起來表示談話結束，做出禮貌的送客手勢並對她說：「我待會兒傳簡訊給你，看我們中午在哪邊碰面吧！」

自顧自地說完，我便逕自大步走出辦公室門口。

我沒有回頭再打招呼揮手道別，但是我非常確定，背後一定早被那雙碧藍帶綠的眼神，燒穿了兩個大窟窿。

薇琪是一個正統的美國新英格蘭地區出身的女人，從一流的文理學院畢業，工作幾年後，又去念哈佛商學院，是個標準的工作狂。她熱愛健身運動，以宗教式的嚴峻方式控制飲食，維持著挺拔的高䠷身材。尤其惹眼的是她永遠可以保持度假後，那種悠閒曬紅的肌膚。

有著紅潤雙頰和湛藍雙眼的薇琪，與人應對時充滿自信，深諳如何理所當然地表明自己的看法及主張，若有任何正反面的意見，也毫不保留地說出口。

她有另外一個習慣，就是隨時都可以把組織裡的高層和決策中心的人物掛在嘴邊，只要有人和她的意見相左，她便立馬搬出一個可以壓死對方的名字，證明她已經有了強而有力的支持。

薇琪不是個好搞的角色，但她擁有豐富的經驗、充沛的人脈、強烈的企圖心和無窮的精力。我知道她絕對會是一個可怕的對手，但也能成為可敬的隊友。

「抱歉！沒有先問問你的喜好，我就自作主張地訂了這家小型中餐館。這裡的中國菜道地又不油膩，有全素料理。」我一坐下來，就先緩和一下氣氛。

「很好耶！我喜歡中國料理。我不是吃全素的，但是蔬菜多一點比較健康。這裡的環境幽靜，不像一般的中餐廳那麼吵，不好說話。」她也相對地給了我善意的回應。

其實在訂這個地方之前，我吞下一口氣，請助理去打聽薇琪的偏好和禁忌。出乎意料之外，她滿喜歡中國食物的，這一點讓我看到一線曙光，至少她不是個完全高傲，對東方的東西嗤之以鼻的人。

「無意輕佻，不過我真的覺得你的套裝搭配得很好，色調和你的膚色、髮型很搭。不介意的話，是否可以告訴我是什麼品牌？我老婆下個月生日，我正在為禮物煩惱。永遠都買不到她滿意的禮物。」

這完全違反我的行事風格，我從來不和女性同事扯這一類的話題。

之所以開這個話頭，一方面是想在切入「更換行銷企劃負責人」這個已經搞僵的議題之前，拿個輕鬆的話題來過個場，免得一下子就又尖銳地衝撞起來，對消化不好。

另一方面，平心而論，薇琪的穿著真的是非常典雅高尚。因為體型高大的西方女子在到了一定的年紀之後，衰老速度很快，骨架大，行動笨拙，如果服裝衣著再漫不經心，就立馬成為一個行走的汙染源，既不賞心，也不悅目。

薇琪身材高大，年逾五十，但是衣著優雅，相形之下，舉手投足之間流露出獨特的從容。

「愛馬仕。你不妨去那裡看看，我是這個牌子的忠實顧客，東西品質和品味都是頂級的，當然，價格也是奢侈消費的等級。在亞洲人的世界裡，我是一個可怕的巨人，我非得花上這樣的費用，否則你們不會想正眼看我，而我自己也會憎恨鏡子裡的模樣。」

薇琪毫不猶豫地就把品牌脫口而出，這不是一般西方人的習慣，尤其是這個法國頂級奢華象徵的牌子。但是她以自己的高大身形和亞洲工作夥伴的對比落差，來把穿搭愛馬仕的消費行為合理化，這讓我看到了她的另外一面。

之後，她又熱心地建議我可以考慮怎麼樣的禮物、這個品牌的什麼產品代表什麼特殊的意義，我都不太記得了。但確定的是，我可以切入早上留下的那個沉重的人事調整問題了。

「我完全同意現任的行銷負責人不適任，當初你提議要換人的時候，我也非常感謝你，省得我去做壞人扮黑臉。」我先釋出善意，把人事更換的決定歸功於她。

如預期地，薇琪點點頭，滿意地回說：「是呀！我們太姑息也太懦弱了，一直不肯正視這個人事問題，結果拖到了現在仍然沒有解決，使得基金銷售的績效愈來愈差。」

「一方面找人不容易，這個部分，我們早上已經討論過了。再來是換人的過程，我有很多顧慮。」這是我準備好的第二招，不等她接話，我單刀直入地繼續說：「他剛愎自用、抓不住基金市場的產品趨勢、對業務部門同事的要求置之不理，以及預算控制一塌糊塗，這些都是我們知道的事實。」

「對呀！」她附和著。

「可是，薇琪，自始至終，我們從來沒有把對這個傢伙的不滿訴諸文字，以正式的人事考核文件告誡他，更遑論列舉他應該如何改善、量化他改善的進度，以及至少三次以上就當事人的改善進度，做雙向的檢討會議。沒有走完這個程序，貿然地就把人炒了，我們的立場站不住腳。萬一當事人去勞動主管機關訴願，我們一個跨國企業在這裡惹上這種爭議，多少不太容易博得同情，反而容易讓人覺得是我們在苛刻員工。」

我相信薇琪很清楚我的這番大道理，她在美國也不是那麼簡單就可以隨心所欲地去幹掉一個高級主管。但是到了亞洲，她這種被捧上天的洋人，潛意識裡就會傾向便宜行事的風格。

「嗯，你說得對。我今天是急躁了一點。」她低頭啜了一口茶。

我進一步地勸說：「我並不打算真的走告誡、改善的公式化路徑。如果你不反對，給我一點緩衝時間，我來和那個行銷主管開誠布公地聊聊，再看我們怎麼走下一步吧！」

「好，就聽你的。」薇琪點點頭同意了。

不到兩個月，舊人找到了新差開心上任，我們也有了新的主管。既不必炒人付遣散費，又不傷和氣。

當薇琪再來的時候，高興地和新的行銷主管及整個團隊開會後，喜上眉梢地躍進我的辦公室。

「好棒的團隊和有效率的主管！」她隨手把一個領帶禮盒放在我的桌子上，轉身丟下一句話：「下次再聊，我得趕飛機去了。」

她送了一條愛馬仕的領帶給我。

過了一年半，我們正如火如荼地進行募集第一檔投資台灣市場的基金時，薇琪又臨危受命，被指派到台北來跨刀助陣。

「好像有架飛機愚蠢地撞上了紐約的世貿大樓。」在健身俱樂部裡，我無意間聽到電視新聞的報導，心想，在兩岸矗立著許多超高建築的哈德遜河道上，一大堆小飛機以極低的高度飛行穿梭，絡繹不絕地忙著運送擁有私人飛機的殷商巨賈，難免會有笨蛋偏離航道，一頭栽進大樓裡。新聞掠過耳際，我仍然在邊運動邊思考：距基金開募剩下不到兩個星期的時間了，還有哪些事情要注意……

「第二架七四七撞上去了！這是一起恐怖攻擊事件……」CNN頻道確認了事件狀況後，我心石沉大海。

距離開始募集新的基金只剩不到兩週，廣告文宣、銷售通路布點，以及主力推銷的金融機構的分潤檔期……所有這些繁雜瑣事，早在八個月前就風風火火地開始進行了！這段期間一切準備就緒，箭在弦上。

然而，九一一的恐攻事件勢必會影響全球金融市場，短期內必定對股市帶來一定程度的衝擊。在這個時間點，要在台灣這個淺盤市場募集資金，遂衍生了許多不確定因素。

「你是台灣的負責人，關於是否要如期開募，我們會完全尊重你的判斷與決定。」確定是恐攻後，我的頂頭上司一改以往事事細究、強力介入每一項決策的作風，只拋給我這句話。

「薇琪，你怎麼看？有什麼建議？我洗耳恭聽。」

會議現場一片鴉雀無聲，所有原本興奮參與這檔基金籌備工作的洋人、亞太地區的專家們，皆閉口不語。在此孤立無援之際，我只有轉向薇琪，姑且一問。我猜想她是個老鳥，應該也是頭一縮，堂而皇之地推說「一切尊重我的決定」。

「當然是照計劃進行！有什麼好怕的？紐約市的世貿雙塔早就該拆掉了，不但設計過時，硬體設備也落伍，電子管線、光纖網路都不夠。我已經和美國的可靠專家通過電話，他們告訴我二十四小時內，所有的交易、交割系統就能恢復運作。金融交易的資料備份也一應俱全，完全沒有任何重大影響。」薇琪是有備而來地回應。

我驚訝地看著她問了一句：「你真的認為我們應該以平常心看待目前的情況，如期衝進市場募資？」心底不禁懷疑她是不是在誤導我，反正死活都不關她的前途。

「我老公比爾在十年前被確診患了胃癌，當下我們決定他不要上班了，靠我的工作來維持生活。我們沒有小孩，所以生活花費有限。過去的十年間，我們拋開癌症的陰影，每當我出差來亞洲，他就隨著我來，我們生活得多采多姿。」

出乎我意料之外，薇琪如此坦露自己的情況。

「公司派我去印度設立語音客服中心（Call Center），我們倆在那裡一住就是兩年。後來又指派我去中國大連複製印度的服務模式，我們在大連又住了五年。當然，只要比爾的健康情況穩定，醫療服務的需求不會很多。但是對我們倆而言，長住於印度和中國，在生活習慣和飲食文化上仍然得面臨許多挑戰。

「想想，我帶著一個身體健康狀況特殊的老公，在兩個和我從小到大生長環境迥然不同的國度工作，我都在其中找到了新鮮的經驗。而你在自己最熟悉的市場，有默契十足的團隊，面對的是同文同種的客戶——遠在天邊的兩棟大廈被炸垮了，甘你何事？」

薇琪愈講愈激昂。

「危機入市。」她突然吐出了這個耳熟能詳的經典之詞，接著從容地把肩頭的愛馬仕絲巾撫平，挑著眉對我咧嘴一笑。

「聽你這麼一說，我還有什麼必要去瞻前顧後？我應該加把勁了！」我自己覺得像個小學生對老師應答一樣，沒有其他更適合的回答。

薇琪再度開口，毫不猶豫地切入正題：「我倒是有幾點之前一直不敢太強調的事，怕你覺得我囉嗦，好管閒事。比如說語音客服中心，你不太重視它的重要性。如今我們要在九一一恐攻之後，成為第一家衝進市場的基金公司，一定要建立一個完整、專業的語音客服中心。」

她繼續說：「投資的客戶在購買基金之後，基金淨值的漲跌互見，他們見漲則喜，見跌則憂。在憂喜參半的過程中，客戶非常需要有一個服務中心，讓他們可以隨時打電話去諮詢情況，獲得最新資訊和最佳的建議。客戶要的是一對和善、富有同情心的耳朵。」

她點出了我一向不重視的一個環節。

「就像愛馬仕的產品，價格昂貴，但是品質很好。當然，東西用久了，難免偶爾會出現問題，但你知道嗎？只要我回去任何一家愛馬仕分店，他們都把有問題的物件視為天大地大的事情來處理。其實物品用久了，自然是客人自己應該承擔老舊毀壞的結果，可是愛馬仕從來不會給我這種感覺。」

「所以你認為，我們應該也要培養我們的客服人員有這種同理心，在淨值漲跌的冰冷數字裡，與客戶的對話中，傳達一分被理解的感覺？」我嘴上這樣附和，心裡卻在想一旦失控，同情過了頭，少不了有客戶會回頭要求賠償投資損失。

薇琪似乎料到了我心中的顧慮，很快地接上說：「同情心和耐心傾聽，並不代表示弱和對基金績效表現不佳的愧疚。如果你同意並授權給我，我立刻著手規劃一連串的培訓課程，把我在印度和大連累積的經驗與成熟的專業術語，編成一套適合應對台灣客戶的作業手冊。」

「你要幫我們打造一個愛馬仕等級的客服中心了。」我半開玩笑地說。

「可以呀！」她愉快地結束了這段對話。

●●●

果不其然，市場對於恐攻之後的投資意願低落，打到客服中心的電話，對於新基金的詢問並不熱絡；反而是恐攻事件後，股價下跌，原本持有基金的投資客戶紛紛搶打客服電話，焦慮地探查淨值的變化。活活一處高貴的愛馬仕中心，被超量的電話擠成了投資恐慌中心。

我對薇琪當初鼓勵我勇往直前的募資動機產生懷疑，懊悔自己錯把慫恿當鼓勵。

我身陷兩難。

我們已經向主管機關報備要如期開募，並斬釘截鐵地表示無須申請延期。所有配合的銷售通路也都被通知這是背水一戰，沒有退路。可是，依照服務中心對新基金查詢的來電紀錄，卻在在證明大事不妙，投資意願低落。

所有的上司、屬下都屏氣凝神，看我怎麼走下一步，對他們的反應，我並不訝異。事實上，我是束手無策，只能坐以待斃！

「語音客服中心來電的『放棄率』！要盯住這個數字，只要我們可以把這個放棄率壓到零，新基金一定可以募起來，舊基金也不會遭大幅贖回。」薇琪依舊穿著光鮮亮麗的整套愛馬仕行頭，一坐下來，劈頭就朝氣蓬勃地喊著。

我自始至終都對這個「放棄率」有嚴重的偏見，這是指打進來的電話，在客服人員接起來之前就掛斷的比率。

我心裡嘀咕著，可是嘴上仍然得維持一定的文明程度問：「要怎麼壓低放棄率？增加客服人員嗎？」

「我知道你有人事成本的考量，一味加人也不是聰明的做法。昨晚，我已經和我一個多年的死黨達成了協議。他人在紐約。他們可以立刻把最新開發而且已通過測試、成功上線的一套軟體，安裝在每一個台北客服人員的電腦裡。這套軟體系統可以抓到掛斷電話的號碼，同時判讀來電客戶的背景。紐約那裡一開始還支支吾吾地，不太情願分享這個最新軟體呢！」

薇琪邀功地炫耀著。

「哇塞！你真是太了不起了，幫我們弄到了這個救命的軟體。」我毫無保留地把一切功勞都歸給她。

「在軟體的使用上，恐怕仍然需要一點訓練，我會去盯著這部分。」她捨我其誰地把訓練的責任扛上了。

然而，放棄率並未如預期的有效大幅壓低。一方面是因為要熟練使用新系統，需要一定的時間；另外則是服務人員也必須隨之增加，但為了成本考量，我並沒有真正大刀闊斧地引進呈倍數成長的人員。我必須要將本求利，錙銖必較地來節制人員成本。

「我真的滿失望的！」薇琪一屁股坐下來，沒好氣地說著。我料到她早晚會找上門來，抿著嘴笑而不答。

「我欠了大人情，冒著先斬後奏的風險，把新的客服系統無償安裝給台灣的中心。可是你一直不肯大幅增加人力，導致人手不足，放棄率仍然居高不下。新的投資拉不進來，舊的錢又快速流失，這個情況不是很樂觀耶！」薇琪情緒激動地說。

「『危機入市』，這是你當初告訴我的，非常受用。」

我先給她戴頂高帽子。

「我們這次勇敢地在九一一之後，第一個出來募集新基金。照目前的進度，再兩週就可以達到成立新基金的門檻了。我想留下部分火藥，等半年後恐攻的陰影更消退，我們再來做一輪促銷。先結束第一階段的募集，立即危機入市，達到投資的低成本。等半年後績效顯現出來，到時，人員對系統更熟練，放棄率的數據更完整，你可以用你在印度和大連的經驗，幫台灣發展一套電話促銷的策略和主動回撥的作業流程，我們針對有潛力開發的客戶，做一次喚醒和再主動出擊的努力。」

薇琪愣了一下，她實在太專注於壓低第一階段募集期間的放棄率，卻見樹不見林，忘了我們可以先危機入市，之後發動幾波的再促銷。我知道她一向很喜歡在放棄率和再促銷之間尋求商機，並證明盯住放棄率的重要性。

「你比我想像的聰明伶俐呢！」薇琪若有所思地看著我說。我倆相視而笑，恐攻後的募資壓力瞬間消失。

後來，薇琪回美國去忙別的事情。過了一陣子，我聽說她好像因為老公的健康而提早退休了，便打個電話去問候她一下。

「薇琪，方便說話嗎？」

電話那端傳來熟悉的開朗聲音。

「哇！好久不見！……我很好，比爾也很好。我們倆剛打完十八洞的高爾夫球，正在休息呢！」她應該很高興我打電話去問候，開心地邀請我，「我們搬到佛羅里達這邊已經半年了，住在一座農莊裡，有十八個房間。歡迎你來我們這裡住上一陣子，打球不用錢哦！」

但我們都心知肚明，去那麼遠的美國東南角談何容易。這是客套的邀約。

我們閒扯了一下，突然，薇琪正經八百地問：「你在台灣的放棄率怎麼樣了？有沒有叫他們把統計數據拿給你看？」最後還不忘叮嚀我：「可別輕忽哦！」

我納悶，退休了的人，怎麼還關心著遠在天邊，地球另外一端小島上的放棄率？不過被她料中了，自從她離開台北之後，我真的就把放棄率拋在腦後。

「我很好奇，你們幹麼去弄一個有十八個房間的莊園？」我有意岔開放棄率的話題。

「空間就是一種奢侈呀！」她笑著回答。

掛上電話後，我心想，薇琪對愛馬仕有所忠誠是有理性的選擇，不全然是為了填補奢華的生活品質。而現在追求空間的奢侈，對她來說一定也有特殊意義。

大約兩年後，公司突然通知我們要啟動一項人才培訓計劃，薇琪被找回來負責帶領這個計劃。

「真高興又可以在台北見到你，還有其他一起工作的同事。」

薇琪容光煥發地坐在我面前，我們共進早餐。她仍然是衣著大方得體，我也不必再猜品牌。不過，仔細搜尋卻發現，她的臉上透著一絲憂鬱。

不等我追問，她平靜地告訴我：「比爾在陽光和綠地中，走完了人生最後的旅程。我們搬去那處有十八個房間的農莊，就是比爾的家族擁有的。那裡給了我空間的奢侈，給比爾的則是時間的奢侈。最後的那一段日子，我們都很珍惜，也很快樂……」

講到這裡，帶點感傷的語氣，瞬間轉換成一如往常地開朗、自信。

「來吧！我們討論一下台灣有哪些人才，還有，我們要如何有計劃地培訓。先從你自己說起……」

薇琪習慣性地用手撫平肩頭的愛馬仕招牌大絲巾，優雅從容。

香檳與啤酒

貝利和羅傑——這兩個傳奇人物，奇妙的金融世界把他們的命運糾纏在一起。這對情同兄弟的事業夥伴，相互截長補短，橫跨大西洋兩岸，各持一片天地。

貝利出身劍橋，從頭到腳都富有英國氣息。羅傑是美國中西部的農場子弟，除了麥當勞配可樂，覺得世界上沒有其他可以下嚥的食物。

「中國人有句俗話說：老王賣瓜，自賣自誇。終有一天，客戶會嫌瓜不甜了，跑去別的攤

子買蘋果吃。」在一場全球業務發展的座談會上，我試著以一種輕鬆的方式來表達意見。

「我、我有相當大的困擾來理解你的這個、這個嗯……就算是一個，嗯……比喻吧！」貝利手托腮，皺著眉，操著他招牌的倫敦腔，略帶急促又刻意結巴的方式問我。

「他的意思很明顯，就是如果一味地只促銷我們自己的基金，不管有再多樣性質的投資策略，投資人終究會不滿意我們的投資報酬率，而會想去買一買別家的基金，或是去嘗試別的投資商品。」嘹亮的美國中西部口音，明確清楚地由羅傑一貫的說話方式，灌入每一位與會者的耳中。

我們公司獨霸台灣的基金市場超過十五年，我們的品牌形象、銷售通路的綿密、業務人員的專業與基金商品的多樣優勢，已經把同業遠遠地拋在後面。

可是，我非常明白——往前看，沒有追逐的目標；往後看，沒有緊逼上來的威脅。最危險的時刻來了。

島國淺盤的投資環境，沒有長期投資的稅務減免，我們現在手上掌握的客人，或快或慢，但終究會把頭探出去，看看外面還有什麼更好的機會，找更甜的瓜。假如想要留住客人，我們就要給他們新的東西。若只推薦自己的基金，只賣自己種的瓜，我不就是一個傻老王?!

「我不能全然地接受，嗯，或是同意這個比喻，嗯，你可以，如果不介意的話，再、再深入揭露一點，你想要做什麼？」

貝利故意不接羅傑的話，垮著眉，繼續以猶疑不定的語氣，再次施展他那種英國人特有的方式來質問。

五十多歲的貝利，已經有幾近一頭蓬鬆全白的銀灰髮絲。兩道烏黑強硬的眉毛之間，是永遠緊鎖的眉心。他有一對淡藍似冰的眼睛、窄挺的鼻子和一副習慣上揚的嘴角。無論在任何地方，他都堅持穿三件式的西裝來襯托自己修長勁瘦的身材。鮮豔的領帶、雪白的襯衫，配上一只全金的掛錶，鍊帶刻意穿過西裝左上方的插孔，留下一個T字的鍊帶末端扣，掛錶則悠閒地下垂在前胸袋內。貝利對腕錶有莫名其妙的反感。他總是大剌剌地摸出掛錶看時間，自信地昭告周遭的人們，他對控制時間的執著。

「我一直在思考一種新的商業模式，就是提供現有的客人去購買別家基金的服務，讓小部分肥水流入外人田，也提供了一個宣洩不滿意我們商品收益不足的缺口。他們去吃別人的瓜之後，發現沒有想像中的那麼甜，就會死心塌地回來跟著我們的商品。」我找不出別的比喻，只好再用瓜來解釋。

「他就是要採用我們在美國已運行多年的模式，轉型成為經紀商，不只是幫台灣客人申購我們的基金，而是進一步幫他們去買各種不同的基金，甚至股票和債券。」羅傑坦蕩蕩地把我心裡所想的直截了當地丟了出來。

羅傑也是五十出頭，一直都沒有改過在陸戰隊時的平頭造型。一字眉橫跨他的前額，湛藍色眼眸永遠透散著好奇，配上微翹近乎朝天的鼻子，紅潤豐滿的下巴，有著典型美國中西部農夫的敦厚老實與渾圓長相。他的西裝永遠不合身，不是太緊就是不對稱地鬆垮垮搭在肩膀上，襯衫的下襬經常性地外露。似乎在抗議室內溫度，他習慣性地脫下西裝外套，挽起襯衫袖，露出的粗壯手腕上，戴著卡西歐電子錶。

貝利是高腳香檳杯，羅傑是粗壯啤酒杯。

美國的業務模式，在羅傑一手主導下，開啟了成功的經紀商服務，除了販售我們自家的基金產品之外，也提供各類其他的金融產品。羅傑賣不同的瓜，也賣雞鴨魚肉了。近兩年來，經紀商業務的收入已超越基金管理的收入，這是個天翻地覆的分水嶺。羅傑不遺餘力地倡議其他的地區也應該馬上跟進，他知道危機的時刻迫在眉睫。

但在英國，貝利始終反對「撿敵人的槍打仗」。他認為堅持只賣我們自己操作投資的基金，是一個高尚的原則。如果妥協了，我們過去建立的品牌形象和商譽將毀於一旦，客戶的忠誠度消失那一天，就是我們關門大吉的日子。

用高腳杯不能喝啤酒；把香檳倒在啤酒杯裡，氣泡也走味了！貝利和羅傑的路線之爭，儼然形成美國和英國壁壘分明的態勢。

貝利出身於劍橋的世家，在英國的他，以詼諧幽默的廣告方式，為一家美國基金公司成功塑造了品牌形象。英國是正統共同基金的發源地，貝利花了近三十年打下此地及歐洲的江山，沒有把美國那一套放在眼裡。

羅傑先去陸戰隊當兵，拿了退伍軍人助學貸款，成為他們家第一個上大學的人，從ＩＴ實習生開始，一路拚上來。他的豐功偉業就是開發出一套叫做「交響曲」的軟體系統。

顧名思義便能了解，這個系統，可以讓許多業務人員和理財專員在線上與客戶同步互動。當一通客戶的電話打進來時，受話人員可即時在電腦螢幕上看到這個客人持有什麼樣的商品、盈虧程度，以及之前的通話內容。

由於「交響曲」系統有預留欄位，可以輸入客戶家庭裡的其他成員，以及狗狗的名字。如此一來，業務和理專人員便能夠充分掌握客戶的情緒，比如退休的老人家喜歡聊孫子，那麼他對於投資不利而耿耿於懷的感覺，便容易被驅散。

客戶狗名的輸入，是羅傑查核資料完整性的重要指標，這是他的創新和堅持。客戶對於會關心狗的人，尤其是能夠記住狗名字的人易有好感，也往往使得投資失利變成了不足掛齒的小事。

貝利是個寵狗如命的英國紳士，他認為散步不帶條狗，是不文明的行為。羅傑則認為狗是有靈魂的小朋友。

其實，在經紀商的路線之爭明朗化前，羅傑和貝利兩人的合作天衣無縫。貝利的廣告天分，配上羅傑扎實的資訊系統，一個在前面衝刺市場占有率，一個在後面兜住售後服務的品質。含蓄幽默的英國廣告移植到美國，效果仍然清新脫俗；而美國開發完成的資訊系統，同步在英國推出，省錢又省時。

然而，「狗」是他們倆現在僅存的共識了。

「若要轉型成經紀商，除了賣我們自己的基金之外，你也要提供其他的商品。若沒有交響曲這個系統，你會很辛苦。我可以立刻替台灣每個人的桌上電腦免費安裝交響曲系統，我們還可以提供使用者訓練。如果你要派人到美國受訓，所有的費用由我們來吸收。」羅傑仰頭喝下了一大口可樂，愉快地高聲說。

我側過頭去看看貝利，只見他悠閒地啜飲一口紅茶，微微點了一下頭，接著掏出錶看時間。

貝利和羅傑在座談會上還有什麼過招，我無暇以顧。我只一心盤算著：難道真要把這個「交響曲」系統弄進台灣？這真的是可以啟動轉型的工程嗎？

「哎呀！你被捲進風暴裡了！」綽號「奇異果」的紐西蘭總經理似笑非笑地走過來，拍拍我的肩膀說。

「什麼風暴？」我故意裝傻。

「台灣屬於國際這一塊拼圖，貝利住在倫敦，是負責國際業務的頭頭，也是你的頂頭上司。至於羅傑這個美國佬一直想跨出美國，但不好意思一腳踩進英國。他免費幫你安裝交響曲系統，就是要到台灣建立一個灘頭堡，先吃亞洲地區這一塊。」

我當然知道，兩頭雄獅對幹，而我夾在中間，不會有好日子過。可是不轉型，我的日子更難過。

「你去一趟美國，看看羅傑視為珍寶的系統究竟適不適合台灣的人員使用。」隔天一起吃早餐時，貝利平靜地交代了這一句。之後，我們談話的重點完全與轉型無關。餐後，我們起身準備各自趕飛機去。貝利和我握別時，非比尋常地久了一點，這不是英國人的作風，接著他突然靠近我的耳朵說：

「等行程排定了，去紐約前，先繞到倫敦來，我們要好好再聊聊。」

聽說我們一組人要訪美，羅傑的辦公室把行程排得滴水不漏，緊湊而豐富，涵蓋範圍廣泛又深入。整整十個工作天，他應該是動員了所有的部門，要來密集訓練我們這隊跨太平洋去取經的菜鳥，美式的熱情躍然於行程表上。

我一個人早兩天先動身飛倫敦，照英國人的講法是去「親吻貝利的戒指」。

「你先坐一下，容我看完這份文件，如果你，嗯，不介意的話？」貝利隔著那副玳瑁老花眼鏡，頭也不抬地說著。

他足足把我曬了十幾分鐘，才放下手上的文件，摘下眼鏡，困惑地看著我問：「嗯，你有什麼特別的事，嗳，應該是有的，嗯，你不介意提醒我一下嗎？」

「今天早上見過你以後，下午我就要去紐約了，羅傑安排好了訓練課程，我們有另外六個人直接從台北出發。上次你叫我去紐約前，務必要先到你這裡來一下。」

「哦！是了、是了。我們，嗯，我們是需要有進一步地了解……」

貝利頓了一下，彷彿恍然大悟地繼續說：

「是關於台灣轉型的事吧？」

他的演技真的很爛！明明是他自己叫我在去見羅傑之前，一定要來英國一趟，現在又裝出一副無所謂的樣子，不知道我幹麼跑來浪費他的時間。

英國人耍的這一套裝腔作勢的把戲，我領教過。化解之道很簡單，就是不要順著他們玩下去。

「轉不轉型，還言之過早。我們這次純粹是去看看交響曲這個系統，去多認識一些紐約的同事。」

「既然只是看看系統，為什麼兜了這麼多人去？台北的客戶誰在招呼？」貝利毫不結巴地一刀殺過來，而且他就是不把「交響曲」的系統名稱掛上嘴。

我沒有打算讓步，扼要地說台灣和美國有十二小時的時差。美國白天時間，我們走羅傑的行程。美國晚上時間，是台灣的上班時間，我們可以用手機和筆電處理客戶所有的需求。既然所有費用全部由羅傑負擔，多派人去又何妨。

「我們給台灣同事去紐約、倫敦受訓的機會微乎其微。我們應該回饋他們的努力，並且培養人才。」我知道對付老謀深算的貝利，一定要打蛇打七寸，直截了當地切中要害，不可以陪他玩英國人的看家本領——迂迴婉轉地表達，矯柔虛飾地應對。

「嗯，你們這趟去羅傑那裡，哦，應該怎麼形容，對了，就當作是參觀一下我們美國的操作模式。」

貝利識時務地放緩和一點，但他緊接著劃下了紅線。

「美國的系統合不合台灣用，我們再從長計議。在這個當下，我要明確地告訴你，沒有我的同意，不可以改變現狀，你明白我的意思吧？」

不等我搭腔，他右手伸向左前胸的口袋，邊掏錶邊起身，送客態勢明朗。

走到門口時，他站定了，面無表情地對我說：「不要貿然啟動轉型，你我都不會喜歡一種令人遺憾的情況。一路順風！」

紅線清楚界定不可以轉型，若不乖乖聽話，我的飯碗恐不保！在去紐約的路上，我再三咀嚼著貝利的話，沒有什麼好懷疑的。

大風雪影響了機場起降，我比原訂計劃晚了一天才與台灣的團隊會合。

「哇！老美的系統超級屌耶！好好用哦！根本不必訓練，馬上可以上手。」

「老美的人都好友善，問什麼都回答，他們還找台灣留學生來幫我們翻譯呢！其實沒有必要啦！」

「唉！他們的員工餐廳東西超好吃，便宜到好像不要錢，可樂免費喝哦！」

看到這群傻乎乎的同事，興奮地爭先恐後把才來一天的行程誇讚成這樣，我也開心。可是如何跨越貝利的那條紅線，和避免遺憾的情況，縈繞我心頭揮之不去。

我一走進簡報會議室，羅傑就拍著手，扯著嗓門吼叫：「哈哈！你終於生還，爬過來了！歡迎歡迎！」

在座的一大票老美立刻聽出羅傑雙關又調侃的意思，跟著大笑起來。

中間休息時間，很會察言觀色的小楊忙不迭湊上來問：「為什麼那個老美大頭恭喜你生還了？你來的飛機差點在暴風雪中掉下來嗎？」

「你煩不煩呀？上課專心一點，難得的訓練課程，不要分心。」

「老闆，我覺得老美的交響曲系統實在太好了，我不想賣基金了，乾脆爭取系統代理權，我回去賣這套系統，賺比較多！」小楊滿認真地說著。

十天的行程走得流暢，交易平台、客服中心、商品研發與交割清算，老美鉅細靡遺地安排我們參觀，實際操作，並且不厭其煩地以一對一的方式示範教學。羅傑無役不與，每天都花相當長的時間親自督導行程，做即時調整。

「今天是你們在我這裡的最後一天，我特別加入了一個行程，這是一間高度敏感的實驗室，我不隨便開放參觀。但是為了台灣來的好夥伴，我覺得應該給你們看看公司最先進的人工智慧技術。」羅傑一副教育班長的姿態雙手扠腰，慎重誠懇地宣布。

羅傑這一幫子搞電腦系統的傢伙，弄了一個人工智慧實驗室，一年三百六十五天，除了聖誕假期，全年無休。他們有系統地遴選各種不同背景的人，依照財務狀況、教育程度、年齡性別及種族類別，安排來做實驗。他們請參加實驗的人操作系統網頁，並且以精密的電子測試儀器觀察、記錄系統使用者的各種反應。

羅傑甚至親自操刀，幫我穿戴上電子偵測器，指引我如何使用實驗的網頁。跑完實驗流程後，他再仔細說明，電子儀器測試到我的瞳孔移位速度、手指操縱滑鼠反應和心跳、呼吸的頻率，隨著網頁資訊的變化而有所起伏。以這種方式蒐集來的資料，再融入大數據演算。

羅傑得意洋洋地告訴我：「我們可以設計出最符合客戶使用的頁面，打造友善、聰明的人工智能理專。一旦這些實驗的數據經確認後，便會即時上傳到交響曲系統中，不斷地更新。也就是說，你們日後在台灣，是和美國同步升級。」

我們去向羅傑辭行時，他豪邁地與每一個台灣人擁抱，並且送上了一頂洋基棒球帽，一再強調招待不周，叫我們一定要再舊地重遊。

「好啦！預演結束了，我們準備上演真正的好戲吧！」

羅傑邊說，邊用他毛茸茸的大手勾著我的肩膀，放低了聲音。

「我知道交響曲這個系統是一輛所向無敵的坦克，有人會告訴你，在亞太地區用不上。千萬不要相信這種論調！雲端的儲存空間、大數據的演算能力，加上人工智慧的飛躍發展，你不用如坦克的系統，難道要用腳踏車不成？」

透過雲端和全球網路，「交響曲」的系統架設不費吹灰之力就如期完工了。轉型的經紀商執照的申請也輕巧過關。所有的軟、硬體基礎建構及法律文件，都如期到位了。

籌備工作的細節，貝利和羅傑全程監控，但是都維持高度的自我約束。

貝利的基調是把準備轉型的工作當成練兵，試用「交響曲」系統是一種在職訓練。沒有他的首肯，不能正式啟動任何新的業務。

羅傑的算盤是傾巢而出，把最新的科技鋪上線，使用者一旦習慣了得心應手的「交響曲」系統，就不會回頭去用老東西。

就這樣子，蓄勢待發地拖了四個月，一直等到在東京召開下半年的業務會議時，貝利由倫敦、羅傑由紐約，兩頭雄獅分別從地球的兩端衝過來。

「這次還在東京這麼昂貴的城市開會，就是大頭們的妥協方案，找一個從紐約和倫敦飛行時間相當的地方來吵架，還不都是為了你們台灣的轉型案子。」是那個綽號叫「奇異果」的紐西蘭總經理，他又來搭訕，不知道是善意警告，還是有心看好戲。

會議循常規，先由董事長致詞，接著請一位資深常務董事做個專題演講，一個早上就混過去了。在簡短的午餐會報中，又請了英國皇家空軍的第一位女戰鬥機飛行員，來現身說法她當年如何突破性別障礙，達成壯志凌雲的辛苦。我心不在焉地坐在椅子上，不時打量著貝利和羅傑的舉止，因為下午的第一個議題就是台灣轉型。

「我非常高興，也可以自豪地與在座的各位分享，台灣是交響曲系統第一個成功移植的國家。在過去的四個月裡，平行測試結果顯示，台灣的同仁已經完全與新系統融為一體。只要我們在這裡做出決定，明天就可以正式切換上線，我們可以在台灣提供全面性的經紀商服務。」羅傑一片陽光地宣布。

「架設新系統的初期成本，是由你的利潤中心全部承擔，我、我得在這裡先謝謝你。不過，如果你容許，嗯，是這樣的，一個系統的後續維護與升級的開發費用，我不知道，或許你也不知道，絕對無意冒犯，你，嗯，是否可以指點我一下，該怎麼處理？」貝利是個精打細算的人，先造成既有事實，他不必負擔交響曲的架設費用，再進逼以後的費用。他和羅傑都清楚，美國坦克是很貴的玩意兒。

「我一直沒有改變過我的承諾，現在免費，以後也免費。我不會以提供台灣系統來謀利。」羅傑大氣地回應。

「哈！聽你這麼說真愉快。能知道你，或許我該說，早知你這麼大方，我們應該把其他國家也一併納入。我是，不好意思，我是說也都免費。」

「交響曲的研發成本已經在美國攤提光了，沒有必要向其他的地方收費。反而是愈多國家使用，愈能整合大數據的蒐集。」羅傑一本正經地說明。

「我看，既然費用不是問題，我們應該花時間討論，考慮什麼樣的新商品適合台灣客戶。」董事長跳進來了。

「交響曲這個系統可以涵蓋所有的金融商品。」羅傑見機不可失，立刻補上話來。

貝利緊接著說：「台灣是有名的投機市場，台灣的客戶都是短線操作，一旦提供股票交易，我擔心會有違我們公司長久的形象。我們一向自我標榜是長期穩健的基金公司。我同意讓台灣有限度地轉型到協助客戶去購買別家基金公司的商品，這是我可以容忍的底線。」

「貝利的論點，我完全可以接受。我們先走出老王賣瓜的困境。股票、債券的投資服務，放在中長期的規劃裡。」識時務者為俊傑的道理我懂，貝利肯讓步到這一點，我應該要主動把頭伸出來頂著了。

貝利掏錶，羅傑聳肩，其他的人都翻頁，準備下一個議題的討論。

當天晚上在正餐前的酒會上，來了大批的日本客戶，貝利和羅傑穿梭在人群中。日本人久仰這兩位基金界的翹楚，紛紛找機會去交換名片。

我靜靜站在角落，心想：紅線跨過了，遺憾的情況避免了，美國坦克到位了。

侍者端著托盤走到我面前，笑問：「紅酒？白酒？香檳？啤酒？」

「你有沒有沛綠雅？」我輕聲問。

金光閃閃的日子

「你下次再這樣搞，我立刻炒你魷魚！」

電話的另一端，亞太區總裁羅伊對我咆哮。

真的掃興。本來以為是大功一件，沒有花一毛錢找保全來押車護送，我們開了三輛普通的公務車，就把價值一億、近百公斤重的金幣從機場的空運倉庫領了出來，一路走高速公路回市區，直接進入分行的金庫。

這樣一場完美的演出，結果招來一頓臭罵。

其實，保全本來是找好的，約也已簽訂，排好了運送時間。結果事到臨頭，當天早上，保全經理發現如果運送途中出狀況，他們自己的保險不夠理賠這麼龐大的金額，就抹著臉放我

鴿子，拒絕派車和押車人員來！

我是萬不得已才鋌而走險，決定找幾個同事，自己幹活。

不過呢，保全業者也是頭一遭被要求運送這麼大量的黃金，況且我一直沒有揭露運送的貨物內容，一直到當天一大早，指定派車的承載重量時，我才告訴他們要運送的是體積小、但是非常沉重的「金幣」。保全經理嚇得半死，寧可被罰款，也不願意冒這個風險。

進口金幣來台灣，是一項有創意又新鮮的業務。在一次亞太地區貴金屬討論會上，我們把世界各國的黃金儲量、每年的進口量做了分析——台灣是名列前茅的國家，儲存量高，進口量大。

「台灣人除了愛台灣、愛炒股票，也愛黃金哦！」羅伊以他慣有的談笑用兵方式，點出他的看法。

「因為他們把大陸的黃金都搬到台灣去了，所以儲存量高。」

「他們的外匯存底那麼多，其中也弄了不少黃金。」

「他們的電子業所需要消耗的黃金用量也頗可觀。」

一陣眾說紛紜，與會的人士突然都成了研究台灣黃金的專家。

薑是老的辣，羅伊在貴金屬交易市場打滾多年，他一眼就看出來，台灣的黃金進口量應該是以民間飾金為大宗。傳統習俗偏好金飾，在祝壽、婚嫁及新生兒的節慶饋贈禮品中，黃金占了相當重的比例。

在會議結束時，羅伊做出了明快的決定。

「台灣、泰國和印度這三個國家，我們應該都要仔細看看有沒有合理的黃金相關商機。」

大夥散去之後，羅伊拉我到一旁，私下清楚地交代：「我覺得台灣是最有潛力的市場，你打個頭陣把黃金業務拉起來，其他的國家才會跟進。你回去後就盡快著手進行。哦，對了，不妨先從進口金幣下手，條塊暫時不要碰。去紐約、新加坡和香港拜訪他們的黃金業務人員，討教一下，費用我來簽核。」

這是他的管理風格：單線直接駕馭，細微管理，一個不折不扣的掌控偏執狂。

「沒有銀行來申請黃金進口哦！你們是金融機構，又不是貿易商，我們沒有核發進口執照給你們銀行耶！」承辦小姐客氣地回答，一看就知道她是考上了難如登天的高考，分發到政府的一級單位，經濟部。

回來想想，羅伊是要我進口金幣，不是黃金，我應該先去看看台灣有進口什麼金幣才是。

從來沒買過金飾的我，怯生生地逛進了一家門面堂皇的銀樓。

我坐在櫃檯前，不知所措地假裝看著滿眼黃澄澄又俗氣的金鍊子、手鐲、戒指和金牌，就是沒有看到什麼金幣。

「我們的成色純，沒有問題。而且師傅就在後面，可以幫你客製要的樣式。」富態的老闆娘溫柔地解說著。

「有什麼金幣可以看看？」

「哎喲！買金幣不划算啦！鑄造費就先要扣去三趴了，以後賣回來又會被打折。」老闆娘不以為然地反應。

儘管如此，生意仍然要做，老闆娘仔細地由抽屜裡起出幾版大小不同規格的金幣，倒是規矩地依照牆上掛的牌告金價，扣除了鑄造費，老實報價。過程清爽明瞭，也讓我知道金幣的零售市場是透明的，金幣上面都有明確的成色標示，而造幣廠鑄造的精緻圖案也是仿冒的一大挑戰。所以和其他的黃金商品比較起來，買金幣要可靠、方便多了。

老闆娘也熱心地介紹，市面上的金幣有三大主流：南非的「鴻運」、加拿大的「楓葉」和澳洲的「袋鼠」。

「哎，奇怪耶！怎麼這三種金幣各有不同特色的圖案，但是都有標示『One Dollar』，一塊錢？難道一枚沉甸甸的金幣，在南非、加拿大和澳洲只值一塊錢？他們的錢也太值了吧！」我開玩笑地說。

老闆娘一臉茫然。我只對金幣有興趣，還問不營養的問題，於是她懶得搭理，耐性早沒了，晚娘表情已經浮現在肥胖的臉頰上。

零售市場的報價簡單明瞭，消費者的選擇也不複雜，造幣廠家都是信譽卓著的。除了克服進口的問題，開辦黃金業務應該不會太困難。

走出銀樓，我的腳步輕快多了。

貨比三家不吃虧，我又信步逛進另外一家珠寶店，故作老練的樣子，要求看看各種不同的金幣。

把玩一下後，我抬頭問一臉精明的老闆：

「你們這些金幣都是自己進口的嗎？」

「進口不划算，利潤低，鑄造費已經扣去三趴了，沒有賺頭。我們是應景向公會批一點來寄賣，要是銷不出去的話，我們就再退回去。」

有了上一家銀樓的經驗，我識相地告退，小心地走過厚重的玻璃安全門。

黃金在亞洲的國家，大多是允許進口，但出口困難。台灣則是完全不准出口，所以一旦把金幣弄進來，若賣不出去，唯一的方法就是賣給銀樓公會，熔掉之後，再以條塊批給各家銀樓，在價格上自然折損龐大。

一是進口執照，一是滯銷金幣的處理方式，對於橫陳眼前的這兩大障礙，似乎找不出突破點。

羅伊對於這樣的困境完全沒有同情心，他在電話裡不耐煩地說：「如果因為這兩個因素，你就裹足不前，那雇用你在台北有什麼意義？」

無計可施之際，我只好回頭再仔細看了一下主管機關所核發的外匯執照，又翻了一下外匯的相關法令，發現其實非常簡單，外匯執照准許銀行可以買賣及提供兌換外國的貨幣——關鍵是「貨幣」二字！

「長官，不好意思，請教您一個小問題：『金幣』是貨幣，還是黃金製成的貨物？」我恭敬地預約了中央銀行外匯科的一位科長，端坐在他的面前問著。

科長有著一張四平八穩的臉，厚重的深黑色膠框眼鏡，狠狠地把其他的五官都淡化到看不清也記不起。

「不論是用什麼材質鑄造的，只要幣上有標明價值，就是貨幣。」科長一本正經，照本宣科地回答。

有標明價值就是貨幣，真是悅耳的回應！

「外國鑄造的金幣，上面有標示一塊錢，就是貨幣，也就是外匯，所以在台灣領有外匯執照的銀行，是可以買賣和兌換的囉？」

「一切照法令規範下解釋。」科長不置可否地看著我回答。

「外商銀行空運美元、日幣、歐元和港幣紙鈔進入台灣，都是合法地進口外國貨幣了？」我明知故問。科長不動如山，充耳不聞地看著我。我卑微地識相告退。

放輕腳步，走出巍峨的金融聖殿，迎面而來是薰和的四月陽光。

核發貨幣進口許可的經濟部近在咫尺，離央行只有不到三分鐘的車程，打鐵趁熱，我一鼓作氣衝過去，沒有預約她的時間，一屁股坐在高考小女生桌前。

「怎麼又是你？」白淨樸素、不施粉黛的高考小女生稚氣未脫地問。

她短髮齊肩，眉清目秀，一臉聰明，可惜一對兔寶寶大門牙，搶盡風頭地露在微笑的臉上。

「林小姐，抱歉抱歉，沒有先打電話來約你的時間，就直接來打擾你，不好意思。」我依她桌上的名牌稱呼她。

我把「有明確標示一塊錢的金幣就是貨幣」的邏輯，慢慢地解釋一番，套上取得外匯執照的銀行，就可以買賣、兌換外國貨幣的前提，再進一步討論進口金幣是外匯業務容許的行為之一，所以經濟部應該核發金幣進口許可給我。

「我去請示一下長官。」高考林小姐皺著眉頭，站起來走到後排的桌旁，彎下身子和一位中年男子耳語。

我被指引進一間窄小的會議室裡，廉價的麗光板會議桌上，攤著散亂的報紙，以及吃完了沒有收的空紙盒便當。鐵質摺疊椅東倒西歪地放置在桌子四周，菜餚加汗臭彌漫在空氣中。

「你要進口金幣做什麼？」不等高考林介紹，這位腦滿腸肥的組長劈頭就問。

這位長官沒有興趣自我介紹，當然也不想知道我是誰。可能是早禿的腦袋，令他有著無法壓抑的悲憤表情，眉頭深鎖，全臉都是無奈和不耐。

我坐在一張四根支腳不在一個平面的鐵椅上，說話稍有激動，或是肢體語言有所展示時，地面上就會發出抗議聲。我小心翼翼地坐著，恭恭敬敬地再敘述一遍剛才和高考林所說的邏輯。

胖禿組長冷眼看著我說：「黃金是不可以出口的，不管用什麼形式和名稱，金幣也好，貨幣也好，都是只進不出。反正黃金進口是完全免稅的，核發進口許可，只是形式，無涉關稅徵收的實質意義。你自己想清楚，不可以後悔了才想來申請出口許可。」

雖然是一頓官腔，可是剎那間，胖禿組長在我眼中蛻變成為聖誕老公公！

高考林看來比我更開心，送我出門前，一再交代申請進口許可文件的相關細節，並且暗示她會加速核發。

「我已經和央行及經濟部達成協議了，可以進口金幣，但是不能再出口。」我在電話裡簡單地報告。跟羅伊打交道多年，早清楚他比較欣賞報憂不報喜的屬下。

當初他叫我先從金幣下手，應該是早就知道除了奧運和其他的紀念幣之外，金幣是貨幣的一種。他只是不點破，要我自己去琢磨出來。所以弄通進口許可這件事，不必太感覺自我良好。但是滯銷賣不出去的問題，得先挑明了講。

「你去紐約、香港和新加坡轉轉，看看有什麼解決之道吧！」羅伊淡淡地說。

羅伊沒有什麼傲人學歷，美國南部一所普通的州立大學畢業，苦幹實幹，慢慢地從冷門的貴金屬交易部門基層爬上來。一口南方腔，讓他在紐約常春藤名校出身的圈子裡施展有限。漫長而痛苦的離婚過程結束後，他自動請調到亞太地區，不知道是自我放逐，還是真的看好這裡的潛力。

五十出頭的他，全頭銀絲，滿臉皺紋，身形佝僂，長得滿像童話書中的鍊金術士。

在貴金屬這個領域裡，羅伊人脈充沛，打著他的旗號，我三兩下就搞定了去紐約的行程。

「歡迎歡迎！羅伊有特別打電話來交代，一定得安排你去參觀一下存放金塊的庫房。」

壯碩的大白人喬治領著我穿過重重關卡，再搭了一部老古董電梯，下到底層。兩名警衛已把庫房的鋼門打開了。

踏進金塊庫房，放眼望去，滿地金磚整齊劃一地交錯堆疊至及膝的高度。

「為什麼只堆疊五層？我在電影裡看到的金塊都高過一個人。」

喬治應該是聽了千萬次同樣的笨問題，不假思索地說：「那是好萊塢的戲劇誇張手法。一個金塊重三十公斤，壓下來會出人命的，堆高了有危險，樓板承重也有限，不可能疊得太高。」

重頭戲看完，其他黃金交易的部分則與一般的金融商品大同小異，乏善可陳。接著，我到了香港和新加坡參觀庫房，兩地的設備、建築都比紐約現代多了，不過堆疊的高度同樣謹慎地低矮。

「不要擔心滯銷，這些金幣鑄造公司之間的競爭白熱化，他們都會提供寄售方案，也就是先把金幣批發給願意銷售的銀行，等賣出去了，再把金額匯還。世界上禁止或限制黃金出口的國家比比皆是，金幣鑄造公司對於先批貨寄售的方式習以為常了。」香港的貴金屬負責人操著廣東腔很重的普通話，認真地向我解釋。

「那價格怎麼敲？」

「你賣出去當天的牌告價加百分之三，沒有什麼花招可耍。代銷銀行賺的是微薄的手續費，可是沒有黃金價格跳動的風險。」

回台北的路上，我一直在思索：以羅伊的個性，絕不會只著眼於手續費的收入。他一定是要賺更多的錢。

黃金之旅回來之後，緊接著便是向央行報備我們的金幣開辦業務、申請經濟部的進口許可，同時開始與金幣鑄造公司接洽。

所有的金幣公司在台北都有代理商，一旦知悉有家跨國金融機構要在台灣銷售金幣，他們興奮得超乎想像！全球和亞太地區的頭頭都拎著款式齊全的樣品，爭先恐後地衝進台北。

「這是經典款，特別為華人設計的，客製設計也免費，貴行可以自己提交圖案。」

「只要達到十萬美金的量，我們可以為單一的個人客戶開模鑄造。」

「我們有現成的十二生肖圖案，光是龍的圖騰，就有二十多種可供貴行挑選。」

攤在桌上，目光所極盡是金光閃閃的設計、琳琅滿目的金幣。

「只要你把進口許可的影本用ＰＤＦ傳過來，我們就立刻發貨。」

資深主管和業務代表們個個西裝革履，舉止溫文儒雅，嘴上極盡巴結之能事，全都滿口承諾：只要銀行出個保證函，他們可以先送金幣來台灣寄售，錢以後再算，好像黃金不怎麼值錢。

一切就這樣快轉般地進行著。轉眼間，第一批金幣空運來台了，停放在機場的海關待放行。

「老闆，機場海關打電話來催我們去提貨了。」

在大家的觀望中，小邱自告奮勇地要參與金幣這項新業務。

小邱來自苗栗，是國、台、客語三聲帶，長得眉清目秀，手長腳長，說話時有點古靈精怪，總是弄些令人啼笑皆非的無厘頭話題來自娛娛人。

「去問問，看看他們可不可以讓我們先去倉庫驗貨，萬一有什麼問題，就立刻退運。」我真的有點不放心。

「你牙齒很好哦！要用咬的方式去驗黃金哦！」小邱逮到機會糗我。可是他也不無道理，我還真的不知道到了機場倉庫可以做什麼事。

滿臉臭意加滿身汗酸的警衛掃描了我們手上的進口許可條碼後，不情不願地走在前面，領我們往倉庫的深處走去。

他用手電筒往地上指了一下，五個扎實的正方形鋼製箱子四平八穩地躺著，每個大小如一台微波爐。小邱蹲下去，試著搬挪一下，「哇靠！差點閃到腰！」他跌撞地站起來。

警衛冷眼看著，緩緩說：「昨天我們那台小的堆高機一次想要抓兩箱，差點翻車。」

這時，三名穿著筆挺帥氣制服的海關人員悠閒地逛了進來，每人手裡都拿著一個厚厚的檔案夾。其中一人面無表情地問：「驗貨、報關加提貨一次辦理？」

在他們之中，有一個人方頭大耳，我覺得十分眼熟，一時之間又想不起來到底是誰。

小邱拉了一下我的衣角，湊上來提醒：「今天只能驗貨，要等保全搞定了才能提貨。」

對於我們不要一次辦完的決定，海關長官似乎非常不滿，認為我們不乾不脆，除了驗貨時要待在燠熱、潮溼的倉庫裡，之後他們還得多花時間監督封箱，尤其這是免稅的貨物，國家沒有稅收，更是令長官大人惱怒。

小邱在一旁低聲下氣地解釋：「這五個箱子裝的都是原廠封好的金幣，外箱非常堅實，驗貨要拆箱，我們也沒有工具。金幣是五十枚封裝在一個塑膠護膜中，打開護膜要非常小心，因為金幣容易有刮痕，會影響品相，消費者會挑剔，不好賣。」

不講則已，小邱是幫了個大倒忙！

「是金幣哦？我們怎麼知道有沒有夾帶毒品？怕我們手粗，會刮傷你們的金幣？」三位海關大人異口同聲地譴責，接著招呼警衛去叫工人來，還大聲吆喝著：「看有什麼工具，可以破壞、切割鋼板的砂輪機、電鑽，都一起帶過來。」

聽到要開箱驗金幣，捲起了一陣騷動，有事沒事的其他海關長官、本來正滿頭大汗在搬運貨物的雜工……全都蜂擁而至，探頭探腦，七嘴八舌地出意見。

一旦拆箱，扯開了護膜，難保不會有金幣滑落。這裡人多手雜的，將會是一個完全失控的場面。

在將近三十二度的高溫下，我是冷汗沿背脊，一直涼到腳跟！心想要出大事了，金幣還沒開賣，在機場先弄丟幾枚，這個笑話可鬧大了，羅伊會親自來剁掉我的腦袋！

就在一片空白，手足無措之際，突然靈光乍現——哎呀呀！那個方頭大耳的海關大長官，不就是我在成功嶺受訓的教育班長嗎？我想起他的名字了：左佑明！

「左班長！左班長！是我呀！成功嶺九十期，第八連。」

我報上自己的姓名，左班長當然不會記得，帶了那麼多的菜鳥兵，不可能記得我的。但是成功嶺的期別和番號，多少可以佐證我是他帶過的兵，否則掰不出來的。

「怎麼是你？」左班長堆上笑臉問我。面對我的熱情相認，雖然完全不記得我，但他自己也不好意思起來，帶過的小兵，多少要罩一下。

「這麼多年，班長你仍然是雄壯威武啊！」

我立刻和左班長套交情攀談，噓寒問暖探近況，一下子，左右的圍觀人群都識趣地散去。

「今天不要弄了。你回去把車子安排好，明天來的時候，事先通知我，我放行直接來庫房，驗貨、報關和提貨一次搞定，你們可以很快地把貨載走。」

傻人傻福，就這樣，到了隔天，我們在沒有保全的情況下，順利地靠著左班長的授權特許，直接把五大箱金幣放在三輛公務車的後行李廂中，揚長開出了機場倉儲。

不過，此後的進口，我們都委請一家跨國保全，開著〇〇七電影裡的那種運鈔車，全權負責通關。

羅伊沒有再發過脾氣。他利用台灣金幣的大量銷售，在海外黃金市場做拋補動作，從中獲利豐厚。

金幣餽贈一時蔚為風潮，婚嫁喜慶、新生祝壽，都受歡迎。

那段金光閃閃的日子，富態的銀樓老闆娘、精明的珠寶店長、嚴肅的黑框眼鏡科長、小暴牙的高考林小姐、聖誕老公公的組長，和左班長，都是無名英雄。

買回一片森林

「你們看到我的外表是拿鐵，因為我長了一頭淡黃近乎泛白的頭髮，膚色蒼白。可是我的內在是濃重而強烈的黑咖啡！」

演講剛開始，卡爾．馮（von）．羅德便拋出了這句自我解嘲的幽默開場白，令人印象深刻。卡爾．馮．羅德是我們銀行的首席經濟學家，在歐洲具有舉足輕重的地位。而在經濟議題上，他一反其他經濟學者的傳統作風，勇於表達自己強烈、篤定的看法。這也是為什麼他自稱內在是「濃烈的黑咖啡」。他自詡敢做大膽預測，但也可以即時修正自己的錯誤。

身為諾貝爾經濟學獎的熱門人選，羅德經常受邀參加歐美一流學府的經濟講座，也是歐洲央行經濟政策的主導者之一。他有超過一打的經濟主題著作，受全球多所大學採用為教科書。

簡單來說，這是一位當他開口評論時，各方必聆聽受教的經濟學巨擘。

「很抱歉！我必須要很殘酷地告訴你，所謂『亞洲四小龍』的用詞，不是將要，而是已經成為歷史名詞了。從亞太地區的觀點而言，我會建議你注意金融風暴的衝擊，而不是一味緬懷過去高成長的歷史。」

早在二〇〇六年，全球金融風暴驟起的兩年前，羅德便已如此斬釘截鐵地回答我的提問。這也是我第一次目睹他在台上的風采。

之後每隔半年，他都會到亞洲來，從不會漏掉台北。

「感謝羅德先生抽空來此，我們有許多客戶與主管機關、經濟研究機構等都引頸期盼，希望可以與你有直接的對話，汲取你的看法。」基於尊重，與羅德共進早餐時，我一就坐便奉承巴結地對他說。

「來台北，一方面是陪你見見重要的客戶，提供他們有關歐洲經濟的資訊，回答他們特定的問題。其實自私的理由是，藉著走訪亞太地區的各個國家，我也能親眼觀察社會動態、消費行為，以及與客戶、在地的經濟研究學者及主管機關來交換意見，相互學習。」他邊說邊揮手把我的刻意奉承淡化。

「有許多研究經濟的人，仗著電子資訊的發達和便利，坐在電腦前面，敲打鍵盤，挪動滑鼠，就可以蒐集大量的資料和數據。但是我始終覺得親身體驗、見面交談，才比較能掌握到深一層的意義。」他興致勃勃地繼續說：「每次抵達台灣的國際機場時，我都會駐足，仔細看一下電子告示牌上航班的架次，有多少來自東南西北不同城市的直飛或轉接的航線。從通關的快慢，我可以親身體驗你們的國際航空客流，而由行李轉盤吐出箱子的速度，可以比較地勤業務的效率。再相對比較亞太地區其他的機場，多少更有助我掌握從電腦螢幕上無法得到的答案。」

想也知道桃園機場在他心目中的排序，我只好另起話題。

「你怎麼看中國大陸的經濟發展？」

我丟了一個大哉問出來。

「你應該比我更有想法吧！怎麼會問我這樣的問題？」他居然不接招。

不等我回答，他皺著眉頭，厚實的手摸摸修剪整齊的落腮鬍，啜了口咖啡後說：「你應該是好奇中國大陸的經濟持續發展，對台灣有什麼影響吧？我記得你問過四小龍的事。」

我嚇了一大跳。半年前的事，那麼大的一個場合，諸多提問人，他居然記得我的問題。

「哎喲！羅德先生，你記得我的問題！」我受寵若驚地說。

「我對台下的每一個問題都非常尊重。從提問人身上和他們所提出的問題，我也在做雙向學習，引發我從不同角度去思考，去挖掘更多的資訊。」他一口氣接著說下去：「自由市場、開放經濟，會造就廣大的中產階層，接下來就是中產階級要求的民主政治，這是西方世界百年走來始終如一的鐵律。所以大部分的學者都會認為中國大陸持續的經濟發展，勢必要有政治改革，走向民主，形成多政黨的政治生態。」

我心想，這種老生常談，沒想到首席經濟學家也來重複一番。他這次的台北行，恐怕不會給我們的客戶什麼耳目一新的感覺。

「哈哈！我知道你覺得我剛才的話荒謬。倒不是你不同意，而是走向民主的論調太陳腐。」他補上一句。

我莫可奈何地苦笑一下，兩手一攤，聳聳肩說：「時間早晚吧！只是不知道多快可以看到政黨政治的發展。」

「我覺得應該永遠不會發生！」他脫口而出。

我嗅到他自稱「黑咖啡」的濃烈味。

「永遠不會發生？為什麼？」我倒是真感到好奇了。

「把百分之六十的十三億人口提升為中產階級，也就是近乎八億人要成為吃飽穿暖、理性的投票族群，這是世界上沒有發生過的實例。至今為止，世界上沒有任何一個國家有養足八億中產階級人口的經驗，進而推動民主發展。所以我比較傾向於懷疑中國大陸有朝這個方向走的可能性。」

「你是說中國大陸會持續發展經濟，創造更多的中產階級人口，但未必會朝政黨政治發展？」

羅德點點頭，繼續補充說：「要能養活八億人口的中產階級，這個經濟體必須是目前美國經濟的兩倍半，也就是中國大陸的經濟體以年增率八個百分點來估算，至少還得花上二十五甚至三十年，才能擴充到這個門檻。已經是中產階級的人、有機會成為中產階級的人，都冀望一個穩定的政治制度，而不會急著去把船搖翻。」

「所以你認為目前中國大陸的政治制度是把穩船舵，中產階級的族群也不會鬧事，大家拚經濟。」我自作主張地如此論斷。

「也可以這麼說。」羅德若有所思地點點頭，接著說：「我一直相信中國人會發展出一套他們自己的政治制度，來配合一直向前狂奔的經濟。我努力研究過，似乎在中國歷史上，從來都是自己摸索出一套系統、文化與制度。尤其是近代歷史中，愈是要把西方制度強壓給中國大陸，反彈的力道就更大，事倍功半。所以最好是尊重他們，留給他們空間和時間去自己妥協衝突，調和各方意見。」

「可是中國大陸採取開放的市場，自由競爭的經濟制度，不也是西方的概念？」我不服氣地頂了一句。

「不對！」羅德毫不猶豫地反駁。「中國人千年來就是商業文化，或許對我們洋人有過鎖國政策，但是在中國內部，市場是開放的，競爭是自由而激烈的。勤勞樸實、刻苦儲蓄與教育倫理、家庭信用，這些都是促進經濟發展的關鍵因素。沒有一項是西方給予中國大陸的，這些都是土生土長的東西。」

羅德一雙幽深烏黑的眼睛，鑲嵌在滿布皺紋的臉頰和剛毅的鼻梁上，透出犀利又睿智的一道眼神，看著我說：「一頭大象，你可以幫牠洗澡，也可以任由牠自己去清潔自己。如果選擇前者，你就必須準備好充足的空間和充沛的水源。否則你不如讓大象自己在淺水塘裡，悠游自在地做牠喜歡的泥巴浴。中國大陸是一個人口眾多、幅員廣大的國度，就如同對待一頭大象，你覺得世界已經準備好，也知道如何幫這頭龐然巨物規劃經濟和政治了嗎？還是謙卑地站到一旁去吧！」

在早餐之後的行程中，我知道所有和羅德見面的人，都為他的理論和觀察所折服、讚嘆。他在台北完成了一趟賓主盡歡的旅程。

「太巧了，我們被安排在同一桌，比鄰而坐，可以好好聊聊。」羅德親切地和我寒暄敘舊。幾年前在法蘭克福的一場年會上，我們被安排坐在一起吃一頓正式的晚餐。那天早上，他在年會上進行了三個小時的演講，一如往常地精采深入，見解獨到，令所有的聽眾滿載而歸。

「你名字中的『馮』（von）是代表貴族的意思嗎？」我決定要弄清楚這件事，自從知道他的名字後，我一直很想問明白，但始終找不到合適的時機。這場年會後的晚餐，羅德應該也高興可以放下嚴肅的經濟議題，聊一些輕鬆自在的話題。

「『馮』是對擁有過土地的人，所加的封號。土地可能是貴族世襲的，也有皇帝分封給武士的。」羅德直白地解釋給我聽。

「那你的這個『馮』是如何取得的呢？」我知道他是個含蓄內斂、有教養的德國人，不會主動地自吹自擂。

「我的祖先曾經在德國東部擁有土地，緊鄰著現在的波蘭邊界。」

「哦，所以你是東德人囉？」

「是的。在二戰之前，我們家傳的所有土地都被當時的政府強制無償徵收了。我祖父不滿納粹的行事作風和政策，於是，帶著我父親和一家子人移居到了法蘭克福。」

「後來呢？」我緊迫盯人地追問，難得的機會，可以和首席經濟學家聊到這麼有趣的家庭背景。

「戰爭爆發後，我的父親受徵召入伍，被派往東線戰場，從此我們對他的生死一無所知。戰爭結束後，又過了五年，他才從俄羅斯被釋放回來。直到他去世為止，他都絕口不提任何關於戰爭以及他被俘的事情。」羅德感慨地說。

「所以你是戰後在西德長大、受教育的？」

「沒錯。所幸教育在德國是免費的。我父親早逝，祖父也年邁，但我仍然可以受到完整的教育，而且幸運地取得了獎學金，去美國的康乃爾大學與約翰．霍普金斯大學讀研究所。」

這個部分是我本來就知道的，也正因為他曾在這兩所頂尖的學府求學，所以英語比一般的德國人更具有美式的流利。

正聊得起勁，但是陸續有別人來寒暄打岔，那一晚，我們也就沒辦法再多談了。

羅德嚴守承諾，每半年一定會來台北一趟，致力協助我維持客戶關係，並且做他獨到的對在地經濟的觀察。由於他定期到訪，所以每半年，一些重要的客戶與台北的經濟研究機構就有了期待，甚至主動來查詢他的到訪時間，以免失之交臂。

當然，這樣的互動方式，以及面對各種經濟議題時，羅德所表現出的「黑咖啡式」的濃烈主張與特立獨行的見解，為他、也為我們銀行，塑造了一個重量級的品牌形象。

有一次羅德援例來台北，可是居然把行程安排到會在台灣過一個週末。

以往，他都是把旅行的週末安排在別的亞太都市，從來沒有考慮過停留在台北。對於羅德這個非比尋常的舉動，我是憂喜參半。

憂的是如何妥善安排一段有意義的週末行程——究竟是要動員客戶參與活動？抑或是讓他享有完全私人的休閒活動？

喜的則是在諸多其他亞太都市中，台北受到他的青睞，讓他願意來花上一個週末。

「你不用大費周章地安排週末行程，我只是想要了解一下台北市都會以外的地方。我想去郊區看看，但不是去觀光景點。如果不麻煩的話，我希望可以了解普通人家的生活，並且看看這座多山的島嶼。」

羅德明白、簡單地把他留在台灣度週末的目的及期望看到的東西，直接說了出來，一點也不拖泥帶水。

「你喜歡爬山嗎？」我直覺地反應。

「對於巴伐利亞的山區，我瞭若指掌，走山健行是我最常進行的運動，也是一項無藥可救的嗜好。你帶我去你們的山上吧！太好了，我隨時都準備著走山的裝備呢！」

那個週末，北台灣異常悶熱潮溼，在開車前往桃園復興鄉東眼山的一路上，我免不了擔心坐在一旁的羅德：像他這樣一個習慣大陸性乾燥氣候的德國佬，在這種天候下走上四、五個鐘頭，撐不撐得住？要是有任何狀況發生在這位首席經濟學家身上，我可擔待不起。

「這裡的景色真是太漂亮了！」羅德氣不喘腿不軟地邊走邊聊，對於陡上陡下的崎嶇山路，他如履平地，健步如飛。

「這裡應該是個早年開發的人工林場。」當我們爬到整條東眼山步道的制高點，他環視四周，自言自語地說著。

我在驚訝之餘，也佩服起這位經濟學家，他居然可以看出東眼山的這片杉樹林是日據時代規劃的電線杆林場。而之後水泥電線杆的普及與取代，使得這一大片整齊挺拔的杉樹林相，幸運地保留了下來。

「你是怎麼看出來的？」我好奇地問他。

「我買回了一片森林，所以我知道這片杉樹林是人工的。」他終於停下腳步，找了顆大石頭坐下休息。

又是一陣驚訝——首席經濟學家去買一片森林？是投資？還是為自己準備退休後可以有私人的活動領域？兜不出一個合理的解釋。

「你去買了一片森林？」我氣喘吁吁地問他。

「我不是去買一片森林，我是花了二十年的努力，終於買回了我祖父的那片森林。這是我祖父臨終前，緊握著我的手所交代的事，要我把祖傳的土地和森林拿回來。」

「二十年？為什麼需要這麼久的時間，才能買回你祖父的森林？」

「納粹蠻橫地徵收了我們祖傳的農耕土地，把鄰近農地的山林也一併拿走了。戰後的共產東德政府把農地分配給公社。一九八九年，兩德統一後，我就開始研究如何完成我祖父的心願。可是納粹時期前後的土地文件，以及東德政府的土地登記資料，以及統一之後，成千上萬的土地回覆要求，弄得德國政府焦頭爛額，加上千頭萬緒的釐清手續，二十年可以搞定已經是奇蹟了！」

「那……為什麼只有拿回森林？」

「我在法庭上，和德國政府的土地機關打了很長的官司。最後因為農業耕地已經更易多手，產權回溯太困難，太多善意持有人又都是純樸的農夫。我相信我祖父可以諒解我決定放棄追討回農地的部分。森林的部分比較簡單一點，終於獲得了一個合理的價格，讓德國政府准許我買回那片我們原本所擁有的山林。」

「還得付出一筆錢，才能拿回本來就是你們的山林？」

「法院是這樣裁定的，我別無選擇了。我把養老金都投下去了。」

我們肩並肩坐著，沉默了好長的時間。

我不知道該說什麼；羅德也陷在自己的思緒中。不知道他是否在懷念祖父，遺憾著只能拿回一片森林……

「你等於是投資了一片森林。」我聯想到他的養老金，忖度或許那片在德國、波蘭邊界的森林有什麼經濟價值。

「除了育林，那片森林不可以進行其他任何的商業開發。」

「你已經計劃去育林了嗎？難怪你一眼就認出來這片杉樹林是人工培育的。你要改行去做木材生意了。」我打趣地調侃他一下。一起走山，無形之中，距離拉近了。

「我不會去動一枝一葉，我只會尊重那片森林。自從買回那片森林後，我唯一做的事情，就只是坐火車到山腳下，走進樹林，靜靜地坐在一棵樹下，就和我們現在一樣，享受寧靜。」

是的，就和我們現在一樣，遠離喧囂和紛擾，享受著寧靜。

國家圖書館預行編目資料

銀光盔甲——跨國金融家35年的人性洞察／吳均龐著 --初版.--臺北市：寶瓶文化, 2017.6
面； 公分.--(Vision；147)
ISBN 978-986-406-091-7(平裝)

1.金融業 2.職場成功法

561 106007966

Vision 147

銀光盔甲——跨國金融家35年的人性洞察

作者／吳均龐

發行人／張寶琴
社長兼總編輯／朱亞君
副總編輯／張純玲
資深編輯／丁慧瑋
編輯／林婕伃・周美珊
美術主編／林慧雯
校對／丁慧瑋・劉素芬・陳佩伶・吳均龐
業務經理／李婉婷　企劃專員／林歆婕
財務主任／歐素琪　業務專員／林裕翔
出版者／寶瓶文化事業股份有限公司
地址／台北市110信義區基隆路一段180號8樓
電話／(02)27494988　傳真／(02)27495072
郵政劃撥／19446403　寶瓶文化事業股份有限公司
印刷廠／世和印製企業有限公司
總經銷／大和書報圖書股份有限公司　電話／(02)89902588
地址／新北市五股工業區五工五路2號　傳真／(02)22997900
E-mail／aquarius@udngroup.com

法律顧問／理律法律事務所陳長文律師、蔣大中律師
如有破損或裝訂錯誤，請寄回本公司更換
著作完成日期／二〇一七年四月
初版一刷日期／二〇一七年六月五日
初版六刷日期／二〇一七年六月二十三日

ISBN／978-986-406-091-7
定價／三三〇元

AQUARIUS 寶瓶文化事業

愛書人卡

感謝您熱心的為我們填寫，
對您的意見，我們會認真的加以參考，
希望寶瓶文化推出的每一本書，都能得到您的肯定與永遠的支持。

系列：Vision147　**書名：銀光盔甲——跨國金融家35年的人性洞察**

1. 姓名：＿＿＿＿＿＿＿＿　性別：□男　□女

2. 生日：＿＿年＿＿月＿＿日

3. 教育程度：□大學以上　□大學　□專科　□高中、高職　□高中職以下

4. 職業：＿＿＿＿＿＿＿＿

5. 聯絡地址：＿＿＿＿＿＿＿＿＿＿＿＿＿＿＿＿＿＿＿＿

   聯絡電話：＿＿＿＿＿＿＿＿　手機：＿＿＿＿＿＿＿＿

6. E-mail信箱：＿＿＿＿＿＿＿＿＿＿＿＿＿＿＿＿

   □同意　□不同意　免費獲得寶瓶文化叢書訊息

7. 購買日期：＿＿年＿＿月＿＿日

8. 您得知本書的管道：□報紙／雜誌　□電視／電台　□親友介紹　□逛書店　□網路　□傳單／海報　□廣告　□其他

9. 您在哪裡買到本書：□書店，店名＿＿＿＿＿＿　□劃撥　□現場活動　□贈書　□網路購書，網站名稱：＿＿＿＿＿＿　□其他＿＿＿＿＿＿

10. 對本書的建議：（請填代號　1. 滿意　2. 尚可　3. 再改進，請提供意見）

    內容：＿＿＿＿＿＿＿＿＿＿＿＿

    封面：＿＿＿＿＿＿＿＿＿＿＿＿

    編排：＿＿＿＿＿＿＿＿＿＿＿＿

    其他：＿＿＿＿＿＿＿＿＿＿＿＿

    綜合意見：＿＿＿＿＿＿＿＿＿＿＿＿＿＿＿＿＿＿＿＿＿＿＿＿

11. 希望我們未來出版哪一類的書籍：＿＿＿＿＿＿＿＿＿＿＿＿＿＿＿＿

讓文字與書寫的聲音大鳴大放

寶瓶文化事業股份有限公司

（請沿此虛線剪下）

廣　告　回　函
北區郵政管理局登記
證北台字15345號
免貼郵票

寶瓶文化事業股份有限公司　收

110台北市信義區基隆路一段180號8樓
8F,180 KEELUNG RD.,SEC.1,
TAIPEI.(110)TAIWAN R.O.C.

（請沿虛線對折後寄回，或傳真至02-27495072。謝謝）